Thomas Weichel

Wiesbaden im Bombenkrieg 1941–1945

Die Schreckensnacht vom 2./3. Februar 1945

Wartberg Verlag

Bildnachweis und Dank
Der Autor dankt all jenen, die ihm bei der Vorbereitung des Buches mit Bildern, Dokumenten, Hinweisen und Ratschlägen halfen, insbesondere Heinz Leiwig, Richard Rudolph, Rolf Thyri, Peter Scheffler, der Familie Boedecker, Brigitte Lauterbach, dem Museum der Wiesbadener Berufsfeuerwehr, dem Heimatmuseum Biebrich und den Mitarbeitern des Hessischen Kampfmittelräumdienstes. Die Bilder sind mittlerweile größtenteils in den digitalen Bildbestand des Stadtarchivs Wiesbaden aufgenommen worden. Das Luftbild auf S. 27 ist aus der Luftbilddatenbank Carls in Würzburg.

Titelbild
Die Wellritzstraße im Februar 1945, eine Trümmerwüste

1. Auflage 2004
Alle Rechte vorbehalten, auch die des auszugsweisen Nachdrucks
und der fotomechanischen Wiedergabe.
Satz und Layout: Grafik & Design Ulrich Weiß, Gudensberg
Druck: Thiele & Schwarz, Kassel
Buchbinderische Verarbeitung: Buchbinderei Büge, Celle
© Wartberg Verlag GmbH & Co. KG
34281 Gudensberg-Gleichen, Im Wiesental 1
Telefon (0 56 03) 9 30 50
www.wartberg-verlag.de
ISBN 3-8313-1408-X

Einleitung

Wer sich mit dem alliierten Bombenkrieg gegen Deutschland 1940–1945 und seinen Folgen auseinander setzt, läuft Gefahr, die Deutschen vor allem als Opfer wahrzunehmen und die deutsche Kriegsschuld, den Holocaust und die Kriegsverbrechen aus den Augen zu verlieren. Die Bilder der zerstörten deutschen Städte und die Zeitzeugenberichte vom Grauen der Bombenangriffe dürfen jedoch nicht dazu verführen – militärisch ausgedrückt – mit den „falschen Bataillonen zu gehen" und jene zu unterstützen, welche die deutsche Schuld relativieren wollen.

Die Thematik erfordert deshalb ein Höchstmaß an historischer und moralischer Differenziertheit: Der britische und amerikanische Bombenkrieg wurde nicht geführt, weil das nationalsozialistische Regime Millionen von Menschen in Arbeits- und Vernichtungslagern zu Tode brachte. So wenig wie die Schuld Deutschlands durch die Bomben auf die deutschen Städte gemindert wird, so wenig sind die alliierten Angriffe auf die Zivilbevölkerung einfach durch die Verbrechen des Naziregimes zu rechtfertigen. Die Bombardements wurden noch nicht einmal von ihnen ausgelöst: Der Bombenkrieg gegen Deutschland war primär und weitestgehend eine Reaktion auf die militärische Lage. Die Achsenmächte Deutschland und Italien hatten in einem Angriffskrieg große Teile Europas erobert; der Ausbau der Bomberflotte schien die militärische Option zu sein, die England noch blieb.

Ziel des Buches ist es aber nicht, darüber Überlegungen anzustellen, sondern zu zeigen, wie der Luftkrieg in Wiesbaden verlief, wo und in welchem Umfang die Stadt getroffen wurde. Dieses Thema bildet den Schwerpunkt des Buches und der darin enthaltenen Fotografien. Die Bomben fielen nicht überraschend vom Himmel: Von Anfang an waren die Aufrüstung und Kriegsvorbereitung zentrale Ziele der NS-Diktatur. Dementsprechend sind die ersten hier veröffentlichten Bilder diesem Thema gewidmet. Ende März 1945 war zwar für die Stadt mit der amerikanischen Besetzung der Krieg vorbei, doch in der Stadt dominierten die Trümmer und die Not. Das Leben in den Trümmern und der Beginn des Wiederaufbaus sind deshalb Gegenstand des letzten Kapitels.

Im Vordergrund der Betrachtung des Buches soll das Schicksal der Menschen stehen, deshalb kommen immer wieder Zeitzeugen zu Wort, werden z. B. Rettungsaktionen nach einem Angriff geschildert. Diese Perspektive zeigt die Betroffenen als Opfer: Niemand wird die siebenjährige Irene Poppe (siehe S. 32) anders sehen wollen. Viele Wiesbadener waren aber zugleich auch Täter, schuldig in den unterschiedlichsten Graden: Von der Stimmabgabe für die NSDAP über die Parteizugehörigkeit, den offenen Einsatz für die Ziele des Regimes bis hin zur aktiven Beteiligung an dessen Verbrechen.

Die Bombardierung ziviler Ziele bietet nach militärischem Verständnis wenig Stoff für ein Heldenepos. Dafür, dass sich in England nur wenige Stimmen gegen einen gezielten Einsatz von Bomben gegen die deutsche Zivilbevölkerung erhoben, hatte die deutsche Luftwaffe selbst gesorgt: In Guernica (1937), Warschau (1939) und Rotterdam (1940) hatte sie bei den Bombenangriffen keine Skrupel gezeigt, auch wenn diese nach dem damaligen Verständnis des Völkerrechts wohl nicht als Kriegsverbrechen zu bezeichnen sind. Auch bei der „Luftschlacht um England" 1940 traf sie immer wieder großflächig Wohngebiete und nahm bei der Bombardierung der Rüstungsindustrie in Coventry die Zerstörung weiter Teile der Stadt und den Tod zahlreicher Zivilisten in Kauf.

Die Auseinandersetzung mit dem alliierten Bombenkrieg ist auch deshalb so schwierig, weil eine systematische Bombardierung nicht in das einfache Schema von Gut und Böse passt. Welche Mittel sind für die Länder legitim, die sich verteidigen müssen? Dass das „area bombing", das Flächenbombardement, schwerlich vom Kriegsrecht gedeckt war, ist kaum eine Frage. Aber Kriegsrecht ist ein im Frieden konzipiertes Recht; mit dem ersten Schuss ist es meist nur noch ein Mittel der Propaganda gegen den Feind, nicht aber tatsächliche Handlungsmaxime für das eigene Militär. Der Einsatz von Giftgas gegen die Städte des Gegners wurde im Zweiten Weltkrieg nur dadurch verhindert, dass man die „Rache", den Einsatz der gleichen Waffe gegen die eigenen Städte fürchtete. Die Atombombenabwürfe auf Hiroshima und Nagasaki fanden nur statt, weil das japanische Militär über keine vergleichbaren Waffen ver-

Einleitung

fügte. Bereits vor dem Ende des Zweiten Weltkrieges setzte in den westlichen Ländern eine Debatte um die Rechtfertigung des Bombenkrieges ein, die allerdings nicht dazu führte, dass die Bomber nicht mehr zum Einsatz kamen. Die Bombardements wurden – wie später jene gegen Nordvietnam oder auch die zivilen „Kollateralschäden" auf dem Balkan gerechtfertigt mit dem Anspruch auf moralische Überlegenheit, mit der festen Überzeugung, die „good guys" zu sein.

Anders als vielfach angenommen, ist die Bombardierung von Städten im Zweiten Weltkrieg keiner Radikalisierung durch eine Enthemmung im Krieg zuzuschreiben. Der Bombenkrieg als Idee und strategisches Konzept wurde bereits in den Zwischenkriegsjahren entwickelt und an den Militärschulen gelehrt. Seine Ursprünge gehen bis in den Ersten Weltkrieg zurück. Die Idee eines totalen Krieges, propagiert von dem deutschen General Erich Ludendorff, enthielt zwei wesentliche Komponenten: die vollständige Inanspruchnahme aller wirtschaftlichen Ressourcen für den Krieg und die propagandistische Aufrüstung der Heimatfront. Die militärische Gegenstrategie war der Kampf gegen die Ressourcen und gegen die Moral der Bevölkerung des Gegners. Im Ersten Weltkrieg spielte die Luftwaffe dabei noch eine untergeordnete Rolle: Die Bombenangriffe der Alliierten gegen Deutschland, aber auch der Einsatz deutscher Bomber und Zeppeline gegen England, hatten wirtschaftlich und militärisch keine große Bedeutung. Die Folgen der Seeblockade gegen Deutschland waren größer und letztlich kriegsentscheidend. Der Mythos von dem „im Feld unbesiegten Heer" und die Dolchstoßlegende haben zumindest einen wahren Kern: Die Kriegs- und Opferbereitschaft ließ in Deutschland angesichts einer immer hoffnungsloseren Lage so sehr nach, dass die Kapitulation und die Novemberrevolution erfolgten, ohne dass das Land von Truppen erobert worden wäre.

Dieser Sieg ohne faktische Eroberung des Landes beflügelte die militärische Phantasie, künftig den Gegner niederzuringen, indem man seinen Kampfeswillen brach und ihm die Mittel für den klassischen Landkrieg nahm. Er würde dann kapitulieren, ohne dass der Sieger einen extremen Blutzoll wie in den Stellungskämpfen des Ersten Weltkrieges zu zahlen hätte. Mit der Entwicklung und Konstruktion immer größerer Flugzeuge mit hoher Reichweite schien man das wirksame Mittel zu erhalten, die Industrie eines Landes zu zerstören und die Moral seiner Bevölkerung zu unterminieren. Die Vision eines solchen Krieges gegen die soziale und wirtschaftliche Basis des Gegners wurde nicht nur in Deutschland, sondern vor allem auch in den USA und Großbritannien entwickelt, lange vor dem Beginn des Zweiten Weltkrieges. Dass dabei vor allem die Zivilbevölkerung der industriellen Ballungsgebiete getroffen werden sollte, war von vornherein Teil der Überlegungen. Nicht gestellt wurde die Frage nach der moralischen und rechtlichen Dimension einer solchen Kriegsführung, die eindeutig gegen die Haager Landkriegsordnung von 1899 und 1907 verstieß.

Es kann hier nicht die Frage beantwortet werden, ob der Zweck, die Beseitigung der nationalsozialistischen Terrorherrschaft über weite Teile Europas, jene dann eingesetzten Mittel rechtfertige. Eine weitere, durchaus berechtigte Frage ist es, ob der Bombenkrieg überhaupt militärisch sinnvoll war. Hierzu findet die Debatte vor allem in England statt. Die Alliierten – insbesondere England – mussten große Teile ihrer Rüstungskapazitäten für den Flugzeugbau aufwenden und verloren Tausende von Besatzungen. Eines der Ziele der Angriffe, die Demoralisierung der Zivilbevölkerung, wurde letztlich nicht erreicht. Zumindest teilweise führten die Angriffe dazu, dass sich die Bevölkerung, aber auch die Soldaten stärker hinter das Regime stellten. Industrie und Verkehrsnetz in Deutschland wurden zwar beeinträchtigt, verloren aber erst in den letzten Kriegsmonaten entscheidend an Leistungsvermögen. Andererseits musste die deutsche Militärführung seit 1941 große Ressourcen für die Luftverteidigung bereitstellen, die dann an den Fronten fehlten.

Gerade der Bombenkrieg lässt bei den Betroffenen bis heute moralische Fragen offen. Die Bomberbesatzungen oben fühlten sich ebenso als Verteidiger ihrer Heimat wie die 16-jährigen Flakhelfer am Boden. Das Gleiche gilt für die vielen jungen deutschen Jagdflieger, die sich nach immer kürzerer Ausbildung mit mehr Mut als Können und nur geringen Chancen den alliierten Bomberarmaden entgegenwarfen und oft schon im ersten Luftkampf fielen. Unten, in den Luftschutzkellern, die oft ihren Namen nicht verdienten, hofften die ohnmächtigen Menschen, auch diesmal würden ihre Stadt oder wenigstens sie selbst verschont bleiben. Die angsterfüllten Tage und Nächte in den Kellern und Bunkern haben viele Menschen geprägt. Die Kinder jener Tage, die heute über 60-Jährigen, haben diese Zeit nie vergessen, ebenso wenig wie die Hunger- und Trümmerjahre danach.

Thomas Weichel

Vor Beginn des Zweiten Weltkrieges

Hitler nach seiner Landung auf dem Erbenheimer Flughafen am 29. Juli 1932. Sein Wahlkampf stand unter dem Motto „Hitler über Deutschland", und er wollte mit Hilfe des Flugzeuges seine Omnipräsenz zeigen.

Aufmarsch der Nationalsozialisten vor dem Rathaus während des Wahlkampfes zur Novemberwahl 1932.

Wiesbaden bis zum Beginn des Zweiten Weltkrieges

Die „Weltkurstadt" hatte ihren Aufschwung im 19. und in den ersten Jahren des 20. Jahrhunderts erlebt. Von einem kleinen Landstädtchen war Wiesbaden als Hauptstadt des 1806 gegründeten Herzogtums Nassau zu einer Kurstadt mit internationalem Flair aufgestiegen. Nach der Annexion Nassaus durch Preußen 1866 und der Gründung des Deutschen Reiches 1871 besuchten auch die deutschen Kaiser die Stadt gerne und regelmäßig. Die Bevölkerungszahl wuchs immer stärker. Kurz nach 1900 wurde Wiesbaden mit über 100 000 Einwohnern zur Großstadt. Immer neue Baugebiete wurden ausgewiesen und bis heute bestimmen die in dieser Zeit errichteten Häuser das Bild großer Teile der Innenstadt. Mit dem Ersten Weltkrieg geriet die Stadt in eine tiefe Krise: Die bis dahin gerne gesehenen englischen, französischen und russischen Kurgäste wurden zu Feinden des Deutschen Reiches. Die Inflation der 1920er Jahre, die schon in den Kriegsjahren eingesetzt hatte, tat ihr Übriges. Die einst so zahlreichen Rentiers, die meist von Kapitalvermögen lebten und den Charakter Wiesbadens mitbestimmt hatten, verloren durch die Entwertung der Kriegsanleihen und ihrer sonstigen Kapitalanlagen ihre Lebensgrundlagen. Und jene Fremden, die nach dem Krieg dominierten, waren wenig gelitten: Wiesbaden wurde nach der Kapitulation von 1918 Teil des besetzten Rheinlandes und erhielt eine große französische Garnison. Die Präsenz der Franzosen mit ihrem bestimmenden Auftreten machte die Stadt wenig attraktiv für potentielle Kurgäste. Der Glanz der Vorkriegsjahre konnte nicht wieder aufleben, auch als die Engländer 1925 die Franzosen als Besatzung ablösten und für etwas angenehmere Verhältnisse sorgten. Erst 1930, mit der so genannten Rheinlandbefreiung, rückten die letzten Truppen aus Wiesbaden ab.

Ob es dieser politischen und sozialen Situation zuzuschreiben ist, dass die Nationalsozialisten in Wiesbaden schneller als im Reichsdurchschnitt Zulauf erhielten, ist schwer zu entscheiden. Jedenfalls stieg die Partei rasch auf, nachdem ihr Verbot im besetzten Rheinland 1926 aufgehoben worden war. Die Wiesbadener Parteiorganisation und die SA zeigten sich besonders

5

Vor Beginn des Zweiten Weltkrieges

Parademarsch der SA durch die Wilhelmstraße am 21. März 1933.

Der Wiesbadener SA-Sturm 8/80 auf dem Weg zur Landagitation, vermutlich in dem katholischen Rheingau.

brutal und gaben so dem preußischen Innenminister Severing 1927 Anlass, sie gemeinsam mit einigen anderen Ortsgruppen der NSDAP aufzulösen. Die Nationalsozialisten umgingen das Verbot geschickt mit der Gründung neuer Bezirksorganisationen. Nachdem die Partei 1928 wieder offen auftreten durfte, verstärkte sie ihre Propagandatätigkeit noch mehr. Im Paulinenschlösschen oberhalb der Sonnenberger Straße, das damals als Stadthalle diente, versammelten sich häufig Parteimitglieder und Sympathisanten. Bei der Reichstagswahl im September 1930 gaben 26932 Wiesbadener ihre Stimme der NSDAP und machten sie damit zur stärksten Partei im Stadtkreis. Die allgemeine Wirtschaftskrise jener Jahre traf die Wiesbadener besonders hart und führte zu einer fast unlösbaren Finanzkrise der Stadt. Die Zahl der „Wohlfahrtserwerbslosen" und Arbeitslosen, die von magerster Unterstützung leben mussten, stieg scheinbar unaufhörlich und kletterte bis Anfang 1933 auf über 30000 Personen. Die Nationalsozialisten konnten aber nicht nur einen Teil dieser Erwerbslosen für sich gewinnen, sie drangen auch immer weiter in das bürgerliche Lager ein, gründeten die bekannten Unterorganisationen für den Mittelstand, die Lehrer, die Ärzte usw.

Hitler versuchte in dieser Phase von dem „Radau-Image" seiner Partei wegzukommen. Bei seinem Auftritt in Wiesbaden am 28. Juli 1932 gerierte er sich eher zurückhaltend, wie die örtliche Presse vermerkte. Für seinen Wahlkampf, geführt unter dem Motto „Hitler über Deutschland", benutzte er als erster deutscher Politiker regelmäßig ein Flugzeug. In Wiesbaden landete er auf dem Erbenheimer Flughafen, der aus der alten Rennbahn entstanden war.

Das Konzept des Wahlkampfes ging auf: Am 31. Juli 1932 stimmten 42589 Wiesbadener für die Nationalsozialisten, weit mehr als für jede andere Partei und prozentual deutlich über dem Reichsdurchschnitt. Die erneute Reichstagswahl im November 1932 brachte der NSDAP hier zwar wie überall Stimmenverluste, doch blieb sie mit Abstand die stärkste Partei. Nach der „Machtergreifung" am 30. Januar 1933 hatte die NSDAP dann

Vor Beginn des Zweiten Weltkrieges

Alles wird nationalsozialistisch: Erntedankfest 1933 auf dem Schlossplatz.

leichtes Spiel. Allerdings zeigten die Wahlen zum Reichstag vom 5. März, die bereits im Zeichen der beginnenden Repressionen standen, dass die Nationalsozialisten an eine Grenze stießen: Sie konnten zwar fast 49 000 Wählerstimmen in Wiesbaden auf sich vereinigen, doch reichte es nicht zu einer absoluten Mehrheit.

Am 8. März hissten SA, SS und Stahlhelm am Rathaus die Hakenkreuzfahne, ein deutliches Zeichen, wie bei der Kommunalwahl wenige Tage später abzustimmen sei. Knapp über 50 % der Wiesbadener Wähler entschieden sich nun für die NSDAP, die dann nach der Ausschaltung der Kommunisten über eine bequeme Mehrheit in der Stadtverordnetenversammlung verfügte. Wenig später wurden durch die „Verordnung zur Sicherung der Staatsführung" vom 7. Juli 1933 auch die sozialdemokratischen Mandatsträger durch Anhänger des Regimes ersetzt. Ab Dezember 1933 galt ein neues Gemeindeverfassungsgesetz, das auf jedes demokratische Mäntelchen verzichtete: Nun galt auch im kommunalen Bereich die „Führerverantwortlichkeit".

Erntedankfest 1933 auf dem Schlossplatz: Die Naziführung auf den Stufen des Rathauses bei der Abnahme des Umzuges.

Vor Beginn des Zweiten Weltkrieges

Hitler gemeinsam mit dem NSDAP-Kreisleiter und Wiesbadener Bürgermeister Piékarski beim Verlassen des Kurhauses im März 1935.

Die Reichswehr im Zeichen des Hakenkreuzes: Die Wiesbadener Garnison beim Durchmarsch durch die Rheinstraße nach der Remilitarisierung des Rheinlandes 1936.

Nazi-Prominenz am Kurhaus im März 1935: Hinter Hitler sein Stellvertreter Rudolf Hess, ganz rechts Heinrich Himmler.

Der neue Wiesbadener Oberbürgermeister Erich Mix bei seiner Amtseinführung am 1. April 1937 vor dem Gauleiter Sprenger, Bürgermeister Piékarski und Regierungspräsident von Pfeffer. Mix, der im Krieg zu den Jagdfliegern eingezogen wurde, war von 1954–1960 als FDP-Mitglied erneut Oberbürgermeister.

Die „Ratsherren" des jetzigen Gemeinderates hatten sich systemkonform unterzuordnen.
Bereits kurz nach der Machtübertragung an die Nationalsozialisten im Reich begann die systematische Vorbereitung auf einen Krieg. Neben der militärischen Aufrüstung zählte hierzu vor allem auch die Organisation eines umfassenden Luftschutzes. Am 29. April 1933 wurde der Reichsluftschutzbund gegründet, der dem Reichsministerium für Luftfahrt und dem Oberbefehlshaber der Luftwaffe unterstand. Der Reichsluftschutzbund wurde rasch zu einer der Massenorganisationen des Dritten Reiches mit Gliederungen in jedem Ort. Mit dem Luftschutzgesetz von 1935 und den nachfolgenden Verordnungen, wurde die Einrichtung von Schutzräumen und die Entrümpelung von Dachböden zur Pflicht. Der Luftschutzbund bildete in Wiesbaden wie überall Luftschutzwarte für die einzelnen Gebäude aus, die im Ernstfall die Maßnahmen des so genannten Selbstschutzes organisieren sollten: Brandbekämpfung durch die Hausfeuerwehr, Meldung des Brandes usw. Die Luftschutzkeller mussten u. a. mit Liegen, Bänken, aber auch mit Sanitätskästen ausgestattet werden. Die Feuerwehr und die anderen Rettungsdienste führten regelmäßige Übungen durch, die sich aber nur an der Wirkung von Einzelangriffen orientierten. Die Möglichkeit, dass Hunderte oder gar Tausend schwerer Bomber in einer Nacht Bomben auf eine Stadt regnen ließen, lag noch außerhalb der Vorstellungskraft.

Vor Beginn des Zweiten Weltkrieges

Die brennende Wiesbadener Synagoge in der Pogromnacht im November 1938; ein Fanal für die Zukunft der Stadt.

Rettungsübungen und Vorführungen auf dem Dernschen Gelände 1937.

Tausende schauten den Vorführungen des Bundes der technischen Nothilfe bei einer Luftschutzübung 1933 auf dem Gelände an der Gersdorffstraße zu.

Vor Beginn des Zweiten Weltkrieges

Die Pioniere aus Mainz-Kastel üben die Flussübersetzung. Im Hintergrund die im März 1945 gesprengte Kaiserbrücke.

Reichswehrminister Generaloberst v. Blomberg vor dem Hotel Rose 1937.

Der Krieg in der Ferne

Wache vor der neuen Freudenberg-Kaserne 1940.

Im März 1940 konnten die Wiesbadener im Nassauer Volksblatt das Gedicht von Marianne Fischer-Dyck lesen.

Nächtliches Deutschland im Kriege
*Seitdem nächtens die Sterne über verdunkelten Städten stehn,
Lernen es die Menschen wieder, still nach dem Himmel zu seh'n.
Mancher, den sonst nur der Großstadt bunt gleißende Lichter gebannt,
Hat voller Staunen nun wieder das Glück des Daheimseins erkannt.
Wenn abends wir vorsichtig schreiten im matten Laternenschein,
Finden wir neue Wege: schauen wir in uns hinein,
Zünden den fernen Lieben, dem Sohne, dem Bruder, dem Mann
In unserem Herzen die Kerzen der Liebe und der Sehnsucht an.
Und unsichtbar über allem, doch wie eine Fackel so hell,
Da leuchtet die Liebe zur Heimat als ewiger Kräfte Quell.
Nächtliches Deutschland im Kriege, wie wunderbar ist dein Gesicht!
Du liegst tief versunken im Dunkel und bist doch ganz voller Licht!*

Der Krieg in der Ferne

Am 1. September 1939 griff die deutsche Wehrmacht Polen an. Der Weltkrieg hatte begonnen, die Appeasement-Politik der Westmächte war endgültig gescheitert. Frankreich und England erklärten zwar Deutschland auf der Grundlage ihres Bündnisses mit Polen den Krieg, aber hielten sich militärisch zurück, so dass Polen in nur vier Wochen von den überlegenen deutschen Truppen erobert wurde. Der Widerstand in Warschau, das in der Frontlinie lag, wurde durch die Luftwaffe gebrochen. Die Bombardements am 24. und 25. September trafen nicht nur militärische Einrichtungen, sondern auch zahlreiche Zivilisten.

Den Westalliierten, insbesondere England, fehlte es zunächst an geeigneten Bombern, um das Deutsche Reich ernsthaft zu gefährden. Zwar waren kurz vor dem Krieg die später so wichtigen Spitfire-Jäger eingeführt worden, die englischen Bomberverbände hatten aber weder die Bewaffnung noch die Reichweite, um größere Schäden anzurichten. Dennoch wurden die Luftschutzmaßnahmen in Deutschland verstärkt. Die generelle Verdunkelung wurde eingeführt, die den feindlichen Bombern die Orientierung in der Nacht erschweren sollte. Auch in der Kurstadt Wiesbaden erloschen die Lichter.

Die wenigen Vorstöße von britischen und französischen Maschinen beschränkten sich zunächst auf das Abwerfen von Propagandaflugblättern. Der „Sitzkrieg" im Westen hatte begonnen. Die relative Sicherheit im Reich führte dazu, dass man gewillt war, der Verdunkelung auch romantische Seiten abzugewinnen, wie es das Gedicht „Nächtliches Deutschland im Kriege" zeigt.

Am 10. Mai 1940 begann der Westfeldzug gegen Frankreich und deutsche Truppen marschierten in Belgien, Holland und Luxemburg ein, ohne deren Neutralität zu achten. Noch am gleichen Tag fielen auf Freiburg im Breisgau Bomben – 57 Menschen starben. Die nationalsozialistische Presse wetterte gegen den „feigen Luftangriff". Es waren aber deutsche Kampfflieger gewesen, die sich verflogen und im Ziel geirrt hatten. Eine angekündigte „Vergeltung" gegen französische Städte fand nicht statt. Vier Tage später stand die deutsche Armee vor Rotterdam und die Luftwaffe sollte mit einem Fliegerangriff auf die In-

Der Krieg in der Ferne

Noch sind alle siegessicher: Leutnant Josef Volk mit seinem Hund. Im Hintergrund die Maschinen des Jagdgeschwaders 53 Pick-Ass.

Lied der deutschen Flieger aus dem Film „Feuertaufe" vom Frühjahr 1940.

„Wir flogen zur Weichsel und Warthe,
Wir flogen ins polnische Land!
Wir trafen es schwer, das feindliche Heer,
mit Blitzen und Bomben und Brand.
Wir stellten den britischen Löwen
zum letzten entscheidenden Schlag!
Wir halten Gericht. Ein Weltreich zerbricht.
Das war unser stolzester Tag!

Kamerad! Kamerad! Alle Mädels müssen warten.
Kamerad! Kamerad! Die Losung ist bekannt
Ran an den Feind/Ran an den Feind! Bomben auf Engeland!
Hört ihr die Motoren singen: ran an den Feind!
Hört ihrs in den Ohren klingen: ran an den Feind!
Bomben! Bomben! Bomben auf Engeland!"

Den Sieg vor Augen: Der Werkstattzug der Jagdflieger in Erbenheim.

nenstadt der Forderung nach Kapitulation Nachdruck verleihen. Als der niederländische Kommandant sich zur Übergabe bereit erklärte, war ein Teil der Bomber nicht mehr aufzuhalten: Fast 1000 Menschen starben, obwohl die Menge der abgeworfenen Bomben vergleichsweise klein war.

Die Bombardierungen Warschaus und Rotterdams dienten den Briten als Legitimation, am 16. Mai den strategischen Luftkrieg zu eröffnen. Man versuchte zunächst mit wenigen Maschinen und bescheidenem Erfolg gegen die Schwerindustrie im Ruhrgebiet vorzugehen. Tausende von Wiesbadenern besuchten nun die Kurse des Reichsluftschutzbundes, der sein neues, großes Domizil in der Dotzheimer Straße eingerichtet hatte. Zumindest einige unterschätzten trotzdem die Gefahren und suchten bei Luftalarm nicht die Schutzräume auf: In der Nacht zum 4. Juni 1940 wurde die Erbenheimerin Karoline Reinemer von einem Granatsplitter der Flak an der Halsschlagader getroffen und starb, während die wenigen Bomben eines Störangriffes auf der Rettbergsaue niedergingen ohne nennenswerten Schaden anzurichten. Sie war damit die erste Luftkriegstote der Stadt.

Nach dem Ende des Frankreichfeldzuges wurde in Wiesbaden eine deutsch-französische Kommission eingerichtet, die sich um die Details der Umsetzung des Waffenstillstandsvertrages kümmerte. Dank der Anwesenheit hochrangiger französischer Offiziere, so glaubten viele Wiesbadener, werde man hier wohl keine größeren Angriffe erleben. In Wiesbaden blieb es zunächst auch ruhig, während ab August 1940 die deutschen Bomber und Jagdflugzeuge England angriffen, um die geplante Landung auf der Insel vorzubereiten und das Land zur Kapitulation zu zwingen. Zunächst sollte dort durch Bekämpfung der Militärflughäfen und Abwehrstellungen die Lufthoheit erobert werden. Die britische Abwehr erwies sich aber als wohl gerüstet und fügte der Luftwaffe hohe Verluste zu. Der Optimismus, den das Regime in seinen Propagandafilmen zur Schau getragen hatte, war unbegründet gewesen. Im September 1940 zeigte die örtliche Luftschutzbehörde in der Bleichstraße eine Ausstellung mit den bisher eingesetzten britischen Bomben und der optimalen Ausstattung der Luftschutzkeller.

Der Krieg in der Ferne

Im Jubel zurück: Die Wiesbadener Garnison bei der Heimkehr am 3. Oktober 1940 nach dem Sieg über Frankreich.

Die Truppen beim Zug durch die Wilhelmstraße.

Der Krieg in der Ferne

Das Los der Besiegten. Der französische General Huntzinger 1940 bei der Ankunft in Erbenheim zu den Verhandlungen der deutsch-französischen Waffenstillstandskommission.

Reichsaußenminister Joachim von Ribbentrop auf dem Flugplatz 1940. Sein Aufstieg war durchaus phänomenal: Sein „von" verdankte er der Adoption durch eine entfernte Verwandte, sein Geld vor allem der Heirat mit einer Tochter der Wiesbadener Sektdynastie Henkell. Und seine Karriere bei den Nationalsozialisten vor allem seiner Weltläufigkeit und seinen gesellschaftlichen Beziehungen. Er endete 1946 am Galgen in Nürnberg.

Am 30. Juni 1940 trat im Nassauer Hof erstmals die deutsch-französische Waffenstillstandskommission zusammen.

Unter dem Porträt von Hitler trat General Huntzinger als Leiter der französischen Abordnung vor den deutschen General der Infanterie Steppuhn, den Befehlshaber des XII. Wehrkreises.

Kriegsalltag

Die Kriegsschäden waren in Wiesbaden zunächst eher gering: Durch eine fehlgeleitete Flakgranate schwer beschädigtes Haus in der Nauroder Straße in Bierstadt, September 1940.

Noch sind genügend Helfer da: Aufräumarbeiten nach der ersten Bombe am 6. Mai 1941.

Die erste Bombe fällt: Eine 1,8-Tonnen-Minenbombe schlug am 6. Mai 1941 in der Fritz-Kalle-Straße ein.

Kriegsalltag

Statt zu kapitulieren griffen die Briten Ende August 1940 in mehreren Nächten Berlin mit Bombern an. Wenn auch die Zerstörungen relativ gering waren, bedeutete dies eine Herausforderung für das Nazi-Regime. Während man in Berlin bereits versuchte, ein Nachkriegseuropa unter deutscher Herrschaft zu formen, meldeten die Botschafter in der Stadt an ihre Heimatländer, dass England keineswegs besiegt war. Auf Befehl Hitlers attackierte die Luftwaffe daraufhin London, das bisher von den Angriffen ausgenommen worden war. Diese Bombardements richteten sich primär gegen Dockanlagen und militärische Einrichtungen, wenngleich viele Sprengbomben auch Wohngebiete trafen. Die Verluste der Luftwaffe waren jedoch bald so hoch, dass Bomberattacken nur noch gelegentlich als Reaktion auf englische Angriffe geflogen wurden. Der Krieg über England war für Hitlers Luftwaffe verloren und damit die Invasion der Insel in weite Ferne gerückt. Während die englischen Luftangriffe auf Deutschland weitergingen – aber in ihrer Wirkung durch die geringe Zahl der Flugzeuge und die fehlende Zielgenauigkeit sehr begrenzt waren – wandte sich Hitler nun der Sowjetunion zu. Die Vorbereitung des „Unternehmen „Barbarossa" bedeutete auch, dass Jagdgeschwader nach Osten abgezogen wurden und bei der Verteidigung des Luftraumes fehlten.

Noch vor dem Angriff auf die Sowjetunion fiel in der Nacht zum 6. Mai 1941 die erste große Bombe auf Wiesbaden. Es handelte sich wohl um eine 4000-pound-Bombe (1800 kg), ein Typ, der gerade erst entwickelt worden war. Vermutlich war es ein Störangriff, einer der Nadelstiche, mit denen die Royal Air Force zeigen wollte, dass England noch lange nicht besiegt war. Da ein Angriff englischer Truppen auf das Festland vorerst chancenlos war, konzentrierten die Engländer ihre Rüstung weitgehend auf den Bomberbau. Die britische „Riesenbombe" des 6. Mai traf die Fritz-Kalle-Straße und zerstörte mehrere Häuser. Zwei Menschen starben in den Trümmern. Danach hatte Wiesbaden für mehr als ein Jahr Ruhe.

Als die wirkungsvollste Waffe gegen dichtbesiedelte Innenstädte zeigte sich bald ein konzentrierter Angriff mit vielen Flug-

Kriegsalltag

Sichtbare Veränderung im Straßenbild sind die Nahverkehrsbusse, die auf Stadtgas umgestellt wurden. Da Deutschland unter ständiger Öl- und Benzinknappheit litt, setzte man das aus Kohle gewonnene Gas ein, das in großen Ballons auf den Bussen mitgeführt wurde.

zeugen und der Abwurf von Tausenden von Brandbomben, die gemischt mit Sprengbomben, ganze Stadtviertel vernichten konnten. Das erste britische Bombardement dieser Art richtete sich in der Nacht zum 29. März 1942 gegen Lübeck. Mehr als 3000 Gebäude der mittelalterlichen Altstadt wurden zerstört oder schwer beschädigt. Zwei Monate später traf der erste 1000-Bomber-Angriff Köln. Der neue Oberkommandierende des Bombercommand der Royal Air Force Arthur Harris glaubte fest daran, dass mit Flächenangriffen auf Städte die Moral der deutschen Bevölkerung gebrochen und der Krieg entschieden werden könne. Für den Angriff auf Köln machte er alle verfügbaren Maschinen mobil einschließlich Schulflugzeuge und veralteten Materials. Insgesamt 1323 Tonnen Bomben fielen auf die Rheinstadt. 474 Menschen starben, 13 000 Gebäude wurden vernichtet oder schwer beschädigt. Mit dem „Dehousing" der Arbeiter wollte man indirekt auch die Industrie treffen – zumindest hinsichtlich der Obdachlosigkeit ging das Konzept auf, denn allein bei diesem Angriff verloren 45 000 Menschen ihre Wohnung.

Die Leitung der Wiesbadener Feuerwehr fuhr Anfang Juni 1942 nach Köln, um die Folgen des Angriffs in Augenschein zu nehmen. Auch wenn die Delegation einen mehrseitigen Bericht verfasste, wirksame Vorkehrungen gegen einen massiven Bombenangriff konnten nur bedingt getroffen werden. Er bedeutete immer auch ein Chaos in der Organisation der Rettungsdienste, weil die Wasserversorgung, das Telefonnetz und meist auch der Strom ausfielen. Die Straßen waren durch Trümmer und Brände versperrt und oft genug traf es die Unterkünfte von Feuerwehr und Sanitätern selbst. Die einzigen wirkungsvollen Vorsorgemaßnahmen waren eine Verlagerung der Rettungsdienste in die Außenbezirke und die Anlage von Löschteichen, die aber auch stets durch Bomben gefährdet waren.

Die Wirkung von Flächenbombardements konnte die Wiesbadener Feuerwehr bald in direkter Nähe und mit eigenen Einsätzen in den Nachbarstädten studieren. Am 12. und 13. 8. 1942 führte die Royal Air Force einen Doppelschlag gegen Mainz. Große Teile der britischen Luftflotte griffen mit 154 bzw. 124 Bombern in zwei aufeinander folgenden Nächten Mainz an.

Kriegsalltag

Vorbereiteter Aufruf in den Schubladen der Wiesbadener Verwaltung:
*„Gemeinsamer Aufruf des Kreisleiters [der NSDAP], des Regierungspräsidenten und des Oberbürgermeisters
Ein abscheulicher Terrorangriff hat auch über Wiesbaden unsägliches Leid gebracht. Mehr als ... Frauen, Männer und Kinder wurden den Ihrigen entrissen. Den Hinterbliebenen gilt unsere herzliche Anteilnahme. Nicht nur vom Soldaten an der Front, sondern auch von jedem Volksgenossen in der Heimat wird höchstes Maß des Einsatzes in diesem gewaltigen Kampf gefordert, der über unseres Volkes Sein oder Nichtsein entscheidet. Dessen war sich die Wiesbadener Bevölkerung vollauf bewußt. Ihr Verhalten im und nach dem Angriff war mustergültig. (…)
Wiesbaden, den ... 1943"*

Lebensmittel waren in den ersten Kriegsjahren nicht knapp, aber wurden nur noch gegen Bezugsscheine ausgegeben. Schlange vor der Pferdemetzgerei Stamm in der Helmundstraße im Dezember 1940.

In mehreren Transporten wurden die Wiesbadener Juden in Konzentrationslager verschleppt. Nur wenige von ihnen überlebten. Das Bild zeigt zur Deportation bestimmte Wiesbadener Juden bei der Registrierung im Innenhof der Synagoge in der Friedrichstraße am 29. August 1942.

Einige Bomben fielen auch auf Amöneburg (Chemische Werke Albert), die Ruthoff-Werft und die Linde-Eismaschinenfabrik in Kostheim.
Mainz hatte nicht nur kriegswichtige Industrie, auch der Hauptbahnhof stellte einen Knotenpunkt dar und lag an einer der zentralen Strecken der Reichsbahn. Und die Stadt ließ sich leicht aus der Luft erkennen, da der charakteristische Rheinknick aus großer Höhe auszumachen war.
Die Wiesbadener blieben zunächst weiterhin verschont, während immer mehr deutsche Städte lernen mussten, was der von Hitler entfesselte Weltkrieg für die „Heimatfront" bedeutete. Seit 1943 lag in Wiesbaden eine Verlautbarung für den Fall eines Großangriffs fertig in der Schublade, lediglich Opferzahlen und Datum fehlten noch.
Die Luftalarme wurden immer häufiger, das Feuern der Flakstellungen rund um Wiesbaden war nichts Ungewöhnliches mehr, wenn die Bomberströme über die Stadt zu anderen Zielen zogen. Auch wenn keine Bombenabwürfe zunächst mehr auf die Stadt erfolgten, bildeten abstürzende Flugzeuge durchaus eine Gefahr. Die deutsche Luftabwehr konnte immer einen gewissen Prozentsatz der angreifenden Maschinen abschießen, ohne aber entscheidende Erfolge zu erzielen, denn die Flugzeugproduktion der Engländer und insbesondere der Amerikaner, denen Hitler 1941 den Krieg erklärt hatte, lag höher als die Abschussquote.
Am 4. Oktober 1943 war Wiesbaden erstmals Ziel eines größeren Angriffs. Die amerikanischen Bomberverbände, die seit 1942 gegen Deutschland flogen, griffen überwiegend am Tag an. Im allgemeinen versuchten sie kriegswichtige Punktziele zu treffen – im Gegensatz zu den britischen Verbänden, die sich vor allem nachts gegen die Innenstädte richteten. Was allerdings die 16 amerikanischen Flieger für ein Ziel hatten, die an diesem Tag etwa 80 Sprengbomben im Wohngebiet zwischen Dambachtal und Lahnstraße abwarfen, ist unklar. Vermutlich sollten sie Verkehrseinrichtungen oder Industrieanlagen treffen. Möglicherweise war es ein Fehlabwurf oder ein „Verlegenheitsbombardement", weil das eigentliche Ziel nicht erreichbar war. Mindestens 29 Opfer waren zu beklagen.

Kriegsalltag

Die Juden wurden von der Viehrampe des Schlachthofs aus abtransportiert.

An Stelle der zahlreichen zum Kriegsdienst eingezogenen deutschen Männer wurden immer mehr „Ostarbeiter", aber auch Kriegsgefangene und Häftlinge arbeitsverpflichtet. Ohne sie hätte weder die Industrie- noch die landwirtschaftliche Produktion in ausreichendem Umfang aufrecht erhalten werden können. „Ostarbeiterinnen" auf dem Marsch durch die Rheinstraße 1943.

Kriegsalltag

Wirklich bombensichere Luftschutzeinrichtungen waren selten. Meist handelte es sich nur um abgestützte Keller. Das Bild zeigt das Ausheben eines Luftschutzdeckungsgrabens in der Platanenstraße im August 1943. Allerdings boten solche Gräben fast keinerlei Schutz.

Bericht eines Mitgliedes des Instandsetzungsdienstes für den 28. August 1943

„Alarm um 0.25-2.25.

Feindliche Flugzeuge überflogen Biebrich aus der Richtung Bingen nach Frankfurt. Nach einer halben Stunde konnte man aus Richtung Erbenheim ein Flugzeug mit Licht in der Kabine beobachten. [Es] flog nach Schierstein zu. Dort kreiste es und flog immer tiefer, auf einmal ein hoher Feuerschein, das Flugzeug mußte abgestürzt sein.

[Einsatz am nächsten Tag] Das Flugzeug war in ein Haus abgestürzt, explodiert, das Haus und die Nebenhäuser abgebrannt, von der Zivilbevölkerung aber niemand verletzt. Es war ein viermotoriges englisches Flugzeug mit 7 Mann Besatzung, von denen zwei Mann abgesprungen waren, ein Mann muß beim Absturz noch versucht haben abzuspringen, denn seine Körperteile und Fallschirm lagen auf der Straße, alle 2–3 Meter auseinander ein Stück seines Körpers. Wir gingen daran mit Dreibock und Kettenzug die Flugzeugteile tief aus dem Kellerboden zu ziehen. Bei der Bergung der Flugzeugteile wurden die 4 Mann als einzelne Teile geborgen. Zwei Motoren, die rechte Tragfläche und der Rumpf waren geborgen, wo war die linke Tragfläche mit den zwei Motoren? Da kamen Leute vom Gas- und Wasserwerk, rissen die Straße auf, um die Leitungen nachzusehen. 1,50 Meter unter der Straßendecke steckte die linke Tragfläche und die zwei Motoren, ohne daß die Straßendecke beschädigt war. Die Tragfläche hatte sich beim Flugzeugabsturz seitlich unter die Straßendecke geschoben..."

Ungewohnte Einblicke: nördliche Ecke der Dürer- und Gaabstraße nach dem 4. Oktober 1943.

Kriegsalltag

Bombenkrater in der Taunusstraße Ecke Pagenstecherstraße nach dem Angriff am 4. Oktober 1943.

Die Angriffe 1944 – Der Auftakt

Während andere Städte schon in Schutt und Asche lagen, wurden die Angriffe auf Wiesbaden zwar ernsthafter, doch beherrschten die Schäden keineswegs das Stadtbild. Hier die Lahnstraße Ecke Eckernfördestraße nach dem Angriff vom 29. Januar 1944.

Bericht eines Mitgliedes des Instandsetzungsdienstes für den 8. Februar 1944

„Am 8. Februar 1944 erfolgte ein Bombenangriff auf Biebrich-Mosbach. Starker Bombeneinschlag Bleichstraße und Weihergasse. Das Haus Weihergasse 5 erhielt einen Volltreffer und 4 Bomben fielen dicht herum. Ich erkundete durch Mitbewohner, dass 6–8 Personen dort im Keller sein müßten. Die Keller des Hauses nach der Südseite waren zum Teil noch erhalten, während der Keller, in dem sich Menschen befanden, vollständig zerstört war und von dem Kellergang aus nicht zu erreichen war. Es blieb nichts anderes übrig, als das Trümmerfeld von oben zu räumen. Die Wehrmacht stellte dazu 20 Mann. Die Abräumung ging in zwei Schichten ohne Unterbrechung Tag und Nacht fort. Am 9. Februar um 9 Uhr hörte man aus dem Trümmerhaufen eine Kinderstimme rufen ‚Da ist ja Licht'. Nun mußte die Abräumung schnell gehen, aber Staub mußte unbedingt vermieden werden. Ein Mann der Wehrmacht unterhielt sich dauernd mit dem Kind bis 6.30, dann konnten wir unter starker Einsturzgefahr das Kind aus dem Trümmerhaufen ziehen. Das Kind hatte zwischen den anderen Leichen mit der Stirn auf der Mutterbrust (welche im anderen Stande war) gelegen. (…) Inzwischen ging die Bergung der 6 Personen schnell voran, aber leider [waren] alle tot. Am 9. Februar um 21 Uhr war die Bergung beendet. Das Kind lag noch lange Zeit im Paulinenstift, bis es geheilt war. Besonderen Dank zwei Feldwebeln der Wehrmacht, welche sich die Bergung des Kindes nicht nehmen ließen und durch ein Loch hindurch Schokolade reichten."

Das Jahr 1944 – Auftakt zum Inferno

Am 29. Januar 1944 traf es die Wiesbadener Innenstadt. Es handelte sich wie im Oktober 1943 um einen Tagesangriff. Die Bomben gingen in der Burgstraße und der Häfnergasse nieder. Hier wurden der Kölnische Hof, das Hotel Bender und die Restauration Landsberg zerstört oder schwer beschädigt. Eine Bombe traf das Haus Ecke Lahnstraße und Eckernfördestraße. Insgesamt vier Menschen starben.

Das bis dahin heftigste Bombardement erlebte Wiesbaden am 8. Februar 1944. Auch hier bleibt das tatsächliche Ziel der Angreifer unklar. Möglicherweise sollte der Hauptbahnhof getroffen werden, jedenfalls könnte das Einschlagsgebiet, das sich von der Welfenstraße über den Südfriedhof bis nach Mosbach erstreckte, daraufhin deuten. Insgesamt 57 amerikanische Flugzeuge, vermutlich B-17, warfen etwa 200 Sprengbomben und – zumindest nach den Aufzeichnungen von Wilhelm Schauss –, auch Tausende von Brandbomben. Getroffen wurde u. a. die Sektkellerei Henkell, hier kamen zahlreiche Arbeiter und Angestellte sowie der Seniorchef Karl Henkell ums Leben, als eine Bombe den Luftschutzraum der Firma traf. Insgesamt 74 Menschen verloren ihr Leben.

Das amerikanische Bomberkommando versuchte immer wieder, den Erbenheimer Flughafen zu treffen, da hier die Luftwaffe einige Jagdstaffeln stationiert hatte. Leidtragende waren meist die Bewohner des Stadtteils Erbenheim, z. B. am 12. Mai 1944, als bei einem Tagesangriff zwei Häuser in der Wandersmannstraße zerstört wurden und fünf Bewohner den Tod fanden.

Die vielen Fehl- und „Verlegenheits"-Abwürfe von Bomben machten den Luftkrieg für die Bevölkerung zu etwas Schicksalhaftem. Oft regierten spontane Entscheidungen der Staffelführer oder auch Zufälle darüber, wer an diesem Tag den Tod fand, wessen Wohnung zerstört wurde. So war es auch am 28. Juli 1944. Amerikanische Bomber sollten eigentlich die Leuna-Werke bei Merseburg angreifen. Hier wurde synthetischer Kraftstoff aus Kohle hergestellt, ohne den weder die Wehrmacht noch die deutsche Luftwaffe kampffähig waren. Entsprechend stark verteidigt wurden diese Ziele. Das Werk Merseburg

Die Angriffe 1944 – Der Auftakt

Eine weiterer Ausbau des Luftschutzes war die Reaktion auf die schweren Angriffe gegen Köln und Hamburg. Klarere Befehlsstrukturen und Löschteiche sollten das Schlimmste verhindern. Stets zeigte sich aber aufs Neue, dass im Hagel von tausenden von Bomben das Rettungswesen zunächst zusammenbrachen.

Einen ersten Vorgeschmack des Kommenden erlebte das Kurviertel am 29. Januar 1944. Hier der Kölnische Hof in der Kleinen Burgstraße.

lag an diesem Tag unter einer geschlossenen Wolkendecke und die ersten Einheiten des amerikanischen Bomberverbandes wurden heftig von deutschen Jägern attackiert. So entschloss sich der Verbandsführer von 18 amerikanischen „fliegenden Festungen" den Anflug über dem Taunus abzubrechen. Er suchte als Gelegenheitsziel für seine Bomben den Wiesbadener Hauptbahnhof aus. Von den 172 Sprengbomben mit je 227 kg trafen aber nur wenige den Bahnhof selbst. Das Gebäude und die Gleisanlagen erhielten nur insgesamt zehn Treffer. Die Masse der Bomben schlug hingegen in den Wohngebieten der Umgebung ein, im Gebiet zwischen Gartenfeldstraße und Schiersteiner Straße. Fast 100 Tote waren zu beklagen, zahlreiche Häuser u. a. am Kaiser-Friedrich-Ring, aber auch in der Mosbacher Straße wurden zerstört. 900 Menschen mussten in Not- und Ausweichquartieren untergebracht werden. Auch das Landeshaus wurde getroffen und sein Dachstuhl schwer beschädigt.

Der nächste Angriff, am 13. September, war ebenfalls nicht geplant, sondern entsprang einer Zufälligkeit. Die amerikanische 3. Bombardment Division sollte eigentlich Industrieziele und Materiallager in Stuttgart, Bad Cannstatt, Ludwigshafen, Sindelfingen und Mainz-Kastel treffen. Ein Teil der Bombergruppen im Stuttgarter Raum verlor jedoch die Orientierung und wollte nun ebenfalls das Heereszeugamt in Mainz-Kastel angreifen, was aber misslang. Die Bomben verfehlten großräumig ihr Ziel. Etwa zwölf der „fliegenden Festungen" griffen den Wiesbadener Hauptbahnhof an, obwohl dieser gar nicht als Ausweichziel vorgesehen war. Sie trafen die Gleisanlagen, aber auch ein Wohngebiet nordwestlich des Bahnhofs, so der Bericht der Einheit und die amerikanische Auswertung der Luftaufnahmen. Vom Boden aus sah das Ergebnis etwas anders aus: Neben dem Gebiet des Schlachthofes am Bahnhof waren etliche Häuser am Kaiser-Friedrich-Ring, an der Dotzheimer Straße und in der umliegenden Gegend getroffen worden. Insgesamt registrierten die Wiesbadener Behörden 120 Sprengbomben. Eine strategische Wirkung war immerhin vorhanden, denn es wurden auch zwei Stellwerke zerstört, so dass der Zugverkehr von und nach Wiesbaden auf etliche Zeit blockiert war.

Die Angriffe 1944 – Der Auftakt

Auch die Häfnergasse – hier in der Einmündung in die Webergasse – bekam die ersten Treffer Ende Januar 1944 ab. Etwas mehr als ein Jahr später war die gesamte Umgebung eine Trümmerwüste.

Die Angriffe gingen schon am 19. September weiter, nur sollte es diesmal wieder Biebrich treffen. Die chemische Industrie in diesem Stadtteil war nach Einschätzung der Amerikaner und Briten von keiner kriegsentscheidenden Bedeutung. Aber sie standen auf der Liste potentieller Ziele, die jede Bomberbesatzung mitführte. An diesem Tag konnte ein geplanter Angriff der 8. amerikanischen Bomberflotte auf Ziele im Mittelrheingebiet wegen schlechter Sicht nicht durchgeführt werden. Die Flugzeuge drehten ab und suchten in einzelnen Pulks nach Gelegenheitszielen. Die 452. und 96. Bombardgroup nahmen Kurs auf die Firmen Kalle und Albert, die 34. griff den Flugplatz Erbenheim an. 38 „fliegenden Festungen" warfen 99 Tonnen Sprengbomben über den Fabriken ab. Trotz des heftigen Flakfeuers – ein Flugzeug der 96. wurde dabei abgeschossen – schlugen etwa 75 % der mitgeführten Sprengbomben in das Zielgebiet ein. Dagegen war der Angriff auf das Flugfeld in Erbenheim ein fast völliger Fehlschlag. Die Bomben trafen vor allem die dortige Rasenfläche. Nur zwei Flugzeuge, so meldet der amerikanische Report, seien möglicherweise beschädigt worden, der Flughafen aber „reparaturfähig". Im Herbst 1944 nahmen die Angriffe auf deutsche Städte weiter zu. Die amerikanischen und britischen Bomber hatten vor der Invasion über Monate die deutschen Stellungen und die Verkehrswege in Frankreich bombardiert und nach der Landung am 6. Juni vor allem ihre rasch vorrückenden Truppen unterstützt. Ende August war Frankreich weitgehend befreit und der Frontverlauf näherte sich an vielen Stellen bereits der deutschen Reichsgrenze. Während die alliierten Bodentruppen Nachschubprobleme hatten und den Vormarsch anhielten, hatte die deutsche Wehrmacht Gelegenheit, sich zu reorganisieren. Die alliierten Bomberflotten konzentrierten sich nun ganz auf die Angriffe gegen das Reichsgebiet. Der aus Jagdflugzeugen bestehende Begleitschutz wurde ebenso wie ein Teil der Bomberverbände auf dem Festland stationiert und hatte damit wesentlich kürzere Anflugwege, womit höhere Bombenlasten möglich wurden. Zur gleichen Zeit brach die deutsche Luftverteidigung immer weiter zusammen. Den Jagdverbänden fehlte es nicht nur an gleichwertigen Maschinen, sondern auch an erfahrenen Piloten. Für eine gründliche

Die Angriffe 1944 – Der Auftakt

Soldaten und Mitglieder des Instandsetzungsdienstes Ende Januar 1944 bei Aufräumarbeiten in der Häfnergasse.

Bei dem Angriff am 8. Februar 1944 wurde auch die Sektkellerei Henkell getroffen. Insgesamt 24 Mitarbeiter und der Seniorchef Karl Henkell starben.

Ausbildung der Jagdflieger mangelte es an Treibstoff und Zeit. Aus den Jägern wurden oft vom alliierten Begleitschutz Gejagte. Auch die Vorwarnzeiten für die Abwehr wie den Luftschutz waren entscheidend kürzer geworden. Die Bomberflotten hatten vor der Invasion lange über besetztes Gebiet oder Reichsgebiet fliegen müssen und konnten damit frühzeitig geortet und bekämpft werden. Nun nutzten sie oft die Möglichkeit, über das befreite Frankreich einzufliegen und die deutsche Luftabwehr zu überraschen.

Während die Royal Air Force weiterhin nachts Stadt um Stadt angriff, versuchten die Amerikaner vor allem das deutsche Verkehrssystem lahm zu legen. Die deutsche Wehrmacht und die Rüstungsindustrie waren – auch wegen des Treibstoff- und Lastwagenmangels – in höchstem Maße auf die Reichsbahn angewiesen. Am 2. Oktober wurden in Wiesbaden vor allem der Güterbahnhof und der Bahnhof Chausseehaus bombardiert. Else Moll vermerkt in ihrem Tagebuch: „... Der Bahnhof Chausseehaus brennt, rings die Felder in der Gegend voll Trichter". Ab dem Herbst 1944 tauchten auch über Wiesbaden erstmals tief fliegende Angreifer auf. Die amerikanischen Jagdflieger, die den Bomberverbänden Begleitschutz gaben, hatten auf dem Rückflug den Auftrag, nach „lohnenden Zielen" Ausschau zu halten und diese unter Feuer zu nehmen. Die „Tieffflieger" wurden bald genauso gefürchtet wie die Bomber. Hunderte von Zügen wurden von ihnen unter Feuer genommen, die Lokomotiven zerstört. Militärtransporte, aber auch Zivilisten konnten sich tagsüber fast nicht mehr auf die Landstraßen wagen. Die Züge wurden mit leichten Flakgeschützen versehen, ohne dass diese einen wirklichen Schutz bieten konnten. Die in einer Wiesbadener Firma gebaute „Jabo-Falle", die anfliegenden Jägern und Jagdbombern („Jabos") einen Wehrmachtstransporter vorspiegelte, war mit einem Drillings-Maschinengewehr versehen. Alle diese Maßnahmen waren zwar eine Gefahr für den einzelnen Piloten, änderten aber nichts an der erdrückenden Überlegenheit der Alliierten.

Die Angriffe 1944 – Der Auftakt

Bombenschaden bei Henkell. Im Vordergrund der zerstörte Luftschutzraum.

Die zerstreut fallenden Bomben des 8. Februar trafen auch den Südfriedhof.

Die Angriffe 1944 – Der Auftakt

Die ersten Bombenopfer wurden noch mit militärischem Geleit auf dem Südfriedhof begraben.

Flakhelfer Genth von der Batterie 3/322 bei Bierstadt. Rund um Wiesbaden standen 8,8-cm-Flakbatterien, die ab 1943 teilweise von jugendlichen Flakhelfern aus den Wiesbadener Schulen bedient wurden, da immer mehr der ursprünglichen Flaksoldaten an die Front mussten.

Der erste Abschussring auf einer 8,8-cm-Flugabwehrkanone. Ein offener Ring bedeutete Beteiligung an einem Abschuss – der in der Regel kaum einem Geschütz direkt zugeordnet werden konnte. Wenn doch, so erhielt die Mannschaft einen geschlossenen Ring auf ihrem Geschütz.

Radargerät vom Typ „Würzburg" bei Bierstadt. Mit einfachen Stanniolstreifen konnten die Alliierten die deutsche Luftüberwachung nachhaltig stören.

Die Angriffe 1944 – Der Auftakt

In Wiesbaden-Erbenheim waren die Tagesjagdflieger stationiert, die Nachtjäger vor allem in Finthen bei Mainz.

Das Propagandabild soll die Moral stärken: Jagdflieger Major Graf erhält im Herbst 1943 auf dem Erbenheimer Flughafen die Gaben der Hitler-Jugend.

Ein deutsches Jagdflugzeug Me 109 über dem noch unzerstörten Wiesbaden etwa 1942.

Die Angriffe 1944 – Der Auftakt

Seit dem Herbst 1944 wurden die „Jagdbomber" zur Plage in Deutschland. Die Begleitjäger vor allem der amerikanischen Bomberverbände machten bei der Rückkehr im Tiefflug vor allem Jagd auf Züge, schossen aber immer wieder auch auf Zivilisten. Die „Jabo-Falle", gebaut im November 1944 bei der Wiesbadener Firma Rossel u. Schwarz, sollte sich als normaler Militär-LKW tarnen.

Mit einer Drillingsmaschinenkanone sollte dann überraschend das Feuer eröffnet werden. Angesichts der Bewaffnung und der großen Zahl amerikanischer Jagdmaschinen ein höchst gefährlicher Täuschungsversuch.

Die Angriffe im Herbst 1944

Amerikanische B-17-Bomber beim Abwurf von Sprengbomben.

Die Angriffe auf Wiesbaden im Herbst 1944

In den frühen Morgenstunden des 12. Oktober schlug ohne vorherigen Luftalarm in der Oranienstraße Ecke Herderstraße eine schwere Bombe ein. Die Häuser in diesem Areal wurden vollständig zerstört, darunter das vollbesetzte Christliche Hospiz. Da die Menschen im Schlaf überrascht wurden, war die Zahl der Opfer sehr hoch, vermutlich deutlich über 100. Nur wenige Minuten später schlugen weitere Bomben im Stadtgebiet ein, die vor allem im Bereich Karlstraße und Adelheidstraße schwere Verwüstungen anrichteten. Sofort kam das Gerücht auf, es handele sich dabei um fehlgeleitete deutsche V1-Bomben. Diese waren die ersten Marschflugkörper im Kriegseinsatz. Seit Juni 1944 wurden diese „Vergeltungswaffen" in großer Zahl gegen militärische Ziele während der Invasion, dann aber auch gegen die Innenstadt von London und schließlich gegen Antwerpen und Brüssel geschickt. Die V1 war sehr fehleranfällig und nicht treffsicher. Sie erhielt den Spottnamen „Eifelschreck", weil dort sehr viele gestartet wurden und oft nahe der Startrampe bereits einschlugen. Dass sich jedoch mehrere Flugbomben in einer einzigen Nacht nach Wiesbaden verflogen, darf als extrem unwahrscheinlich gelten. Ähnlich lautende Gerüchte hatte es in Frankfurt gegeben. Über diese Gerüchte war wenige Tage vorher sogar in einem Artikel in der Wiesbadener Zeitung berichtet worden. In Frankfurt, so schrieb man, habe die Luftüberwachung einige Flugzeuge fälschlich als Aufklärer gedeutet und keinen Alarm gegeben.

Die Einschläge am 12. Oktober wurden von den Wiesbadenern anders als die bisherigen Bomben wahrgenommen, weil die ersten ohne vorherige Warnung fielen und die Menschen deshalb noch in ihren Wohnungen und nicht in den Luftschutzkellern waren. Abgeworfen wurden die Bomben vermutlich von englischen „Mosquitos" – schnellen, hochfliegenden zweimotorigen Flugzeugen, die für die deutsche Luftabwehr meist unerreichbar waren. Diese Maschinen wurden für die Luftaufklärung aber auch für Störangriffe eingesetzt und markierten mit Leuchtbomben großen Bomberverbänden das Zielgebiet. Laut den Kriegstagebüchern der Royal Air Force sind in der Nacht vom 11. auf den 12. Oktober acht „Mosquitos" im Rahmen der

Die Angriffe im Herbst 1944

Zerstörungen in der Bahnhofshalle im Juli 1944.

„minor operations" nach Wiesbaden geflogen. In den Aufzeichnungen des XIV. Luftgaukommandos sind ebenfalls Angriffe von einzelnen Flugzeugen im Abstand von etwa zehn Minuten vermerkt, die insgesamt zwölf Bomben auf Wiesbaden und Umgebung warfen. Allerdings enthält ein Schreiben aus Wiesbaden auch den Hinweis auf merkwürdige Leuchterscheinungen, die sekundenlang vor dem Einschlag zu sehen waren, ähnlich wie bei Raketenbomben. Eine Erklärung für dieses Phänomen gibt es bislang nicht.

Eine wirkliche Aufklärung über die Vorgänge in dieser Nacht wird vielleicht nie möglich sein. Eine Serie von V-1-Treffern kann man sicher ausschließen, aber eine zufällige Kombination eines V-1-Einschlages mit alliierten Störangriffen liegt im Bereich des Möglichen. Wahrscheinlicher ist jedoch, dass die Gerüchte nur eine der vielen „Latrinenparolen" des Zweiten Weltkrieges waren.

Über Wochen hinweg war der Instandsetzungsdienst mit dem Abtragen der Trümmer in der Oranienstraße beschäftigt, während ein immer intensiverer Leichengeruch über dem Gebiet lag. Noch in weiteren Nächten im Oktober kam es zum Abwurf von Großbomben. Auch dabei dürfte es sich um 4000 Pfund – etwa 1800 kg – schweren Minenbomben gehandelt haben, die von einigen Versionen der „Mosquitos" gerade noch transportiert werden konnten. Vor allem am 19. Oktober 1944 – beim Großangriff auf Mainz – und am 22. Oktober war es besonders schlimm. Die Zahl der Überflüge nahm im Oktober und November soweit zu, dass praktisch kaum ein Tag ohne Luftalarm oder wenigstens Vorwarnung verging. Ein großer Angriff fand am 10. November statt. In mehreren Wellen griffen mindestens 100 amerikanische Bomber zwischen 12 und 14 Uhr den Erbenheimer Flughafen an. Sie warfen fast ausschließlich kleine Sprengbomben mit etwa 45 kg ab, diese jedoch in großer Zahl. Die Masse verfehlte das Ziel, schlug teils im freien Feld ein und verwüstete die Äcker. Bomben fielen u. a. auch auf den damaligen Mainzer Stadtteil Amöneburg, Bierstadt und auf die Ingelheimer Aue. Allein in Erbenheim schlugen wenigstens 400 Bomben ein. Hier gab es auch die größte Zahl von Toten. Viele Bauernhäuser hatten nur sehr einfache „Luftschutzkeller",

Die Angriffe im Herbst 1944

Trotz der Zerstörungen gelang es den Alliierten nicht, den Bahnbetrieb in Wiesbaden für längere Zeit zu stören.

die selbst den Einschlag dieser relativ leichten Bomben nicht überstanden. 24 Wohnhäuser wurden ganz zerstört, etwa ebenso viele schwer beschädigt. In den Trümmern kamen 16 Menschen um, 23 wurden schwer verletzt. In den nächsten Tagen entschärfte das Sprengkommando des Instandsetzungsdienstes rund um Erbenheim und den anderen betroffenen Vororten fast 90 Bomben und auf dem Rollfeld des Flughafens 40 weitere Blindgänger.

Auch die Innenstadt und die Stadtränder wurden im Laufe des Novembers und Dezembers immer wieder attackiert. Am 18. November fielen Bomben in der Wolfram-von-Eschenbachstraße und am 25. November in Dotzheim. Am 4. Dezember traf es die Station Biebrich-Ost und dort haltende Züge. Die militärische Lage wurde immer hoffnungsloser, dennoch durfte niemand die Erkenntnis, dass dieser Krieg nicht mehr zu gewinnen war, öffentlich äußern. Die Zeitungen jener Tage waren voll aus einer Mischung von Sieges-Meldungen und Durchhalteparolen. Die neuen Vergeltungswaffen sollten die Wende bringen. Else Moll schreibt darüber und über ihre Weihnachtsvorbreitungen: „Ausstecher gemacht, als [diese auf] dem Blech sind, zittern des ganzen Hauses, bald Vollalarm und rüber in die Schule bei wohl entferntem aber starkem Grollen wie von Bombenteppichen. Wo? V1- oder V2-Abschüsse?... Später zu Hause wieder dies Beben und Grollen, man meint es kommt von V2-Abschüssen?"

Immer häufiger kamen jetzt überraschende Angriffe, auch von Tieffliegern. Das schwerste Bombardement im Monat Dezember fand am 18. statt. Bomben gingen in Biebrich nieder, trafen aber auch das KZ-Außenkommando „Unter den Eichen", das zum KZ Hinzert gehörte. Unter den Eichen starben sechs Häftlinge aus Luxemburg, denen es verwehrt war, im dortigen Bunker Schutz zu suchen. Den Bunker hatten sie selbst für die SS-Wachmannschaft gebaut.

Von „Beschaulichkeit" ist bei der 6. Kriegsweihnacht keine Spur mehr. Es ist ein Warten auf den Untergang. Frau Moll notiert: „Heiliger Abend! Den ganzen Tag Alarm. Kirchgang machen unmöglich. Gegen Abend Bombenwürfe. In der Schule sogar sehr gespürt. Flughafen Rhein-Main, auch Flughafen Erbenheim, Rüsselsheim."

Die Angriffe im Herbst 1944

Zerstörter Dachstuhl des Landeshauses nach dem Angriff im Juli 1944.

Wenigstens die Bilder und die Uhr blieben an der Wand des Hauses Kaiser-Friedrich-Ring 68 (Angriff vom 28. Juli 1944).

Den „Instandsetzungstruppen" und Wehrmachtssoldaten blieb meist nur die Rettung einiger weniger Habseligkeiten.

Die Angriffe im Herbst 1944

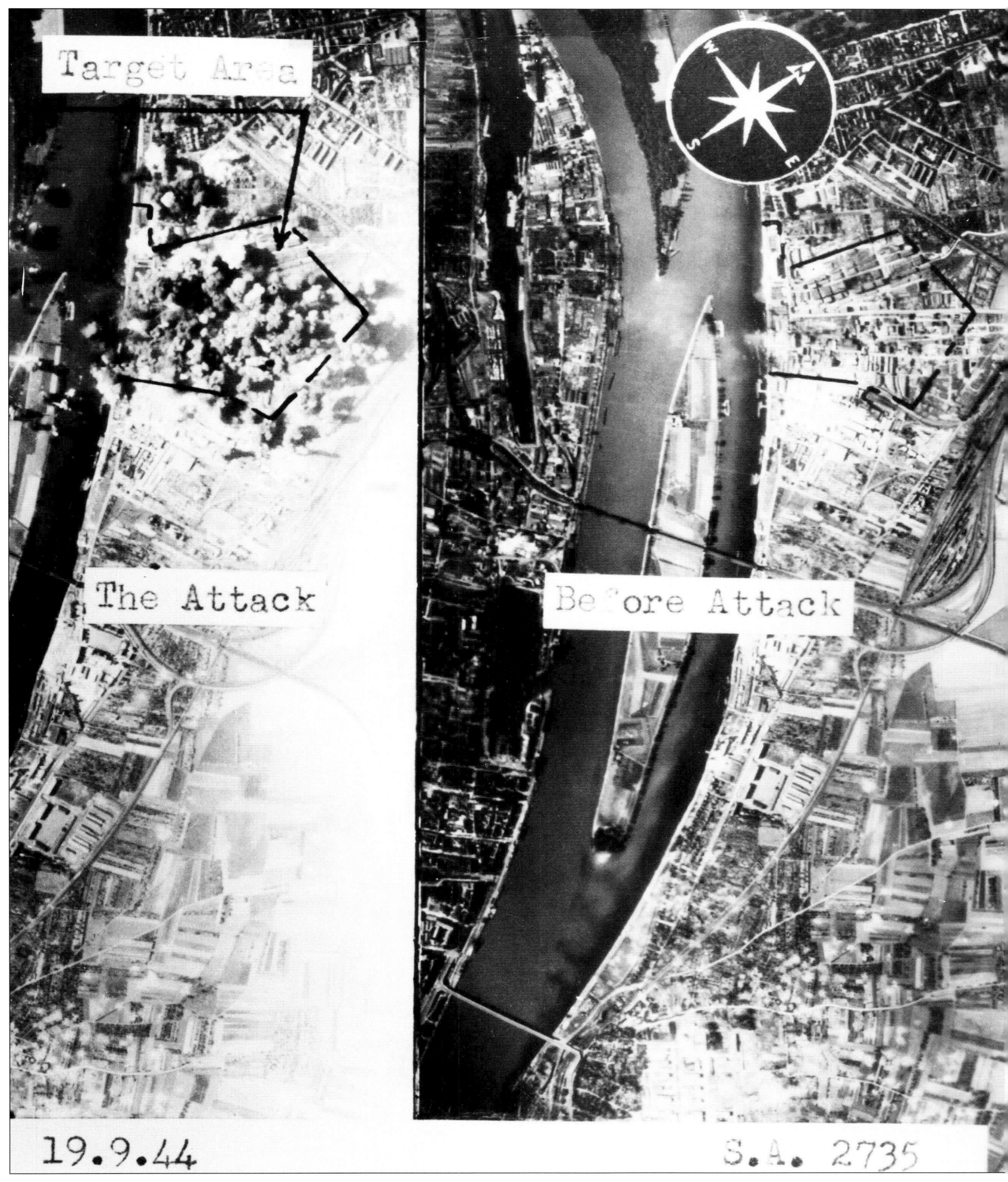

Die Bilder zeigen die Präzision des Angriffs auf das Biebricher Industriegebiet am 19. September 1944.

Die Angriffe im Herbst 1944

Abgeschossener amerikanischer B-17-Bomber am 19. September 1944 im Gebiet Kohlheck bei Dotzheim.

Feuerwehr und Hilfstruppen versuchen, die Brände nach der weitgehenden Zerstörung der Industriewerke Kalle und Albert am 19. September 1944 in den Griff zu bekommen.

Die Angriffe im Herbst 1944

Von den Produktionsanlagen in Biebrich blieb vor allem ein großer Trümmerhaufen. Im Vordergrund ein Löschteich.

Tagebucheintrag von Else Moll am 12 Oktober 1944

„Nacht vom 11. auf 12. Alarm 2.30-3.30. Etwa 20 Minuten nach der Entwarnung starkes Motorengeräusch wie von einem nah über die Dächer fliegenden Flugzeug, dachte, der stürzt ab – der ist über unser Dach weg – dann ein toller Knall (…) Nach kurzer Zeit wieder so ein Schlag (…) Der Block Kaiser-Friedrich-Ring, Oranienstraße, Herderstraße, Körnerstraße fast ganz hin. Großes Unglück, da alle Leute wieder im Bett. Das Hospiz mit allen Gästen weg (…) Karlstraße, Adelheidstraße schwer getroffen bis Luxemburgplatz, Polizeipräsidium, vor dem Generalkommando Bombe in der Emserstraße usw."

Bei dem Angriff wurde auch der kanalisierte Salzbach offengelegt.

Die Angriffe im Herbst 1944

Bis Kriegsende wurden die für die Rüstung wenig bedeutsamen Werke nach den schweren Zerstörungen und wiederholten Angriffen nur notdürftig repariert.

Auch die Arbeiter-Wohngebiete in unmittelbarer Nachbarschaft der Kalle AG wurden am 19. September 1944 getroffen. Die hier gezeigte Hermannstraße wurde in den 1970er Jahren in das Werksgelände einbezogen.

Die Angriffe im Herbst 1944

Bei einem Tagesangriff der Amerikaner am 2. Oktober 1944 wurde nicht nur der Güterbahnhof, sondern auch der Bahnhof Chausseehaus schwer getroffen.

Auch bei gezielten Tagesangriffen fielen die Bomben oft weit gestreut. Am 2. Oktober 1944 wurde auch der Wohnplatz Klarenthal getroffen.

Einen der schwersten Treffer, der immer wieder als V 1-Einschlag interpretiert wird, erhielt am 12. Oktober 1944 der Gebäudekomplex an der Ecke von Oranienstraße und Herderstraße. Von den Häusern, unter anderem dem voll belegten christlichen Hospiz, blieben nur noch Trümmer. Blick über die zerstörten Häuser auf die ebenfalls schwer gekennzeichneten Häuser der Oranienstraße auf der gegenüberliegenden Straßenseite.

Die Angriffe im Herbst 1944

Aus den Aufzeichnungen eines Mitgliedes des Instandsetzungszuges IV
Bombenabwurf am 22. Oktober 1944 19.30

Alarm von 19.15–23.00
Eingesetzt um 20.00 Uhr zusammen mit einer Gruppe vom I. Instandsetzungszug 2. Als Hilfskräfte standen 20 Mann von der Wehrmacht und 10 Mann vom Ergänzungs-Instandsetzungsdienst zur Verfügung.
Eine schwere Sprengbombe war in der Adelheidstraße im Vorgarten detoniert. Die Bombe hatte das Haus bei dem Abwurf, der von Norden erfolgte, gestreift, wodurch die Hälfte des Hauses vollständig einstürzte. Der Luftschutzraum befindet sich im Teil des Hauses nach der Adolfstraße und ist unversehrt, keine Person in diesem Raum trug einen Schaden davon. Die Insassen des Luftschutzraumes gaben an, daß Familie Schneider und Poppe sich in ihren Kellern aufhielten, welche sich nach der Adelheidstraße befinden. Im Keller von Poppe befindet sich der Durchbruch nach der Adelheidstraße 25. 7 Personen werden vermißt.

Einsatz:
Gruppe vom Instandsetzungszug 2 räumt die Trümmer des Hauses von oben ab, die Kräfte der Wehrmacht treiben einen 3 Meter breiten Gang durch die Trümmer in Richtung der eingestürzten Keller zu. Instandsetzungszug 4 und Ergänzungskräfte unter Leitung des Maurermeisters Forst brechen den Durchbruch von dem Keller Adelheidstraße 25 (R. 1) auf und setzt um 6 Uhr am 23. Oktober seinen Einsatz am Durchbruch fort (…). Um 8 Uhr ertönten Klopfzeichen. Nach einer Stunde erfolgen Rufe (Hallo) und zwar eine Männerstimme halbrechts, eine Frauenstimme geradeaus und eine Kinderstimme zwischen der Männer- und Frauenstimme. Das Kind ruft: „Papi hol' mich doch" und weint. Die Männerstimme antwortet: „Mäuschen sei ruhig. Papa holt dich bald."
Sofort wurde mit Handmeißel ein Durchbruch im Raum 2 u. 3 des Hauses Adelheidstrasse 25, angefangen und ein Kompressor angefordert. Vom Hofe Adolfstraße 16 und im Kellergang (A 1. der Zeichnung) wurde mit allen Kräften geschaufelt in Richtung der Rufzeichen. Der Kompressor kommt und wird eingesetzt im Raume 2 des Hauses Adelheidstraße 25 um den Durchbruch schnell durchzustoßen. Ich bediene selbst den Hammer, in Schweiß gebadet, bis der Durchbruch auf ist. Die Stimme des Mannes tönt näher. Richtung links von mir. Der Raum 5 vor mir ist vollständig eingestürzt, aber ich arbeite zum Teil mit den Fingern einen Gang durch und arbeite mich liegend vorwärts bis an die nächste Mauer. Geradeaus breche ich einen Kamin durch und da erscheint eine Männerhand. Ich (…) breche nun mit aller Eile mit dem Handmeißel links die Bruchsteinmauer durch. Als die Bruchsteinmauer aufgebrochen ist, erscheint eine Lattentüre und dahinter steht der Mann (Herr Poppe), halb im Schutt stehend und am Kopf blutend. Die Lattentüre kann ich nicht entfernen, da von oben allerhand Last auf ihr ruht. Ich säge 4 Stücke Latten heraus und dann

Ort einer dramatischen Rettungsaktion: Die Adolfstraße 16 nach dem Angriff am 22. Oktober.

Die Angriffe im Herbst 1944

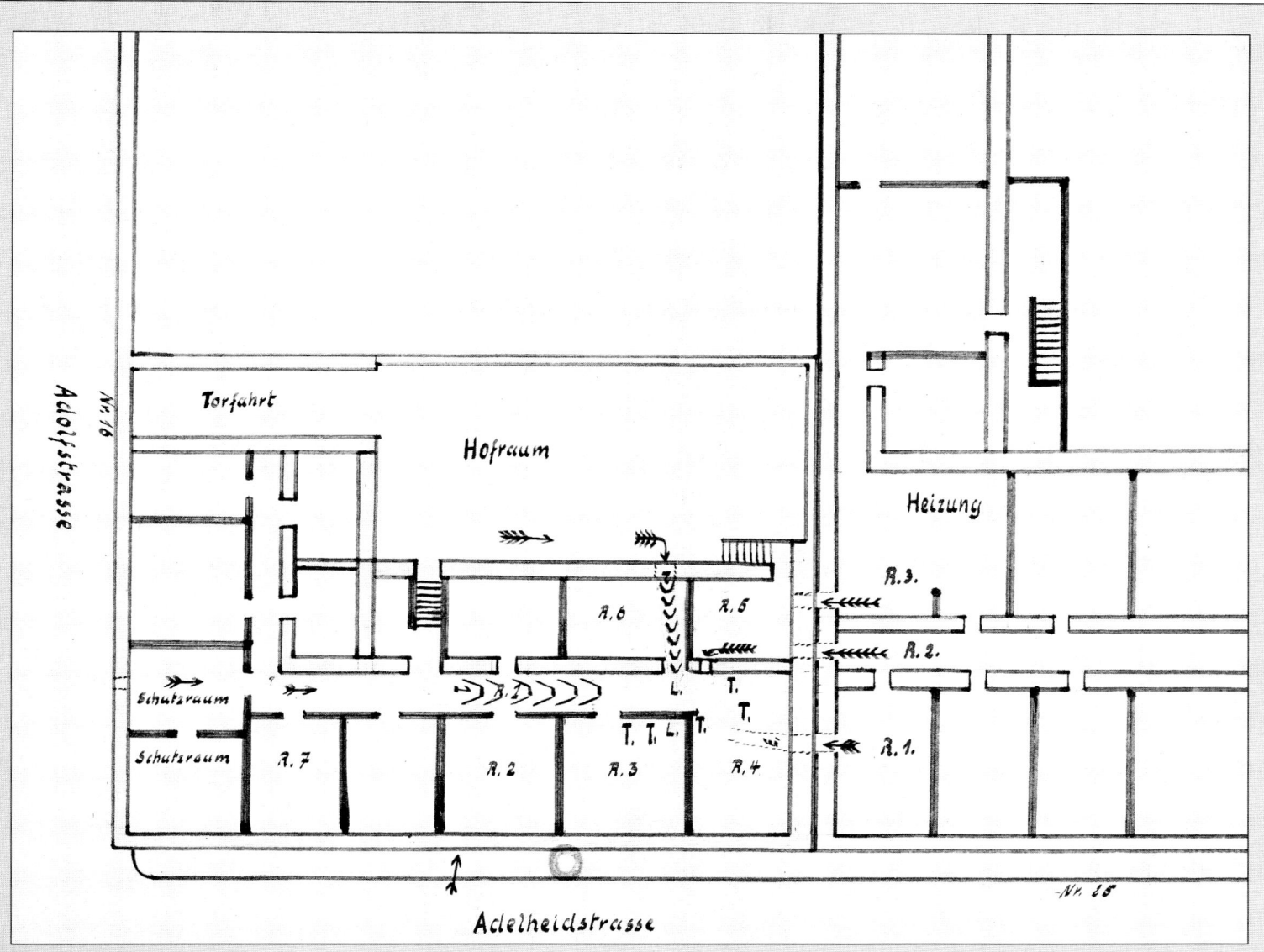

Plan des Kellers der Adolfstraße 16. Die Rettungsgrabungen und Durchbrüche sind mit Pfeilen gekennzeichnet. Ein T markiert die Fundstellen der Toten, L steht für eine Lebendbergung. Die 7-jährige Irene Poppe befand sich unter jenen, die nicht mehr rechtzeitig erreicht wurden.

kommt ein Wehrmachtsangehöriger zur Hilfe, um Herrn Poppe frei zu schaffen. Während wir an Herrn Poppe den Schutt hinweg schafften, sagt er: „Ihre Arbeit möchte ich nicht machen, so eine Quälerei." Ich sagte: „Wenn wir das nicht machen, würden Sie und alle anderen Verschütteten unter den Trümmern liegen bleiben." Um 13.15 Uhr war Herr Poppe von den Trümmern befreit und sein erster Wunsch ist: „Gebt mir etwas zu rauchen."

Nachdem Herr Poppe geborgen war, wurde festgestellt, daß das Kind 2,00–2,50 Meter links davon, wo Herr Poppe stand, sich befinden mußte und geradeaus hinter der Wand des Raumes 3 sich die Frau befand. Die Wand nach dem Raum 3 wurde nun aufgebrochen, und vom Hof aus durch Raum 6 sowie im Kellergang R. 1 wurde durch Stollenbau Zugang nach dem Raum 3 geschaffen. Die Kellerwand nach Raum 3 war nun durchbrochen, und in zwei ineinander gepressten Kleiderschränken stand Fräulein Schneider. Sie zu befreien war auch schwierig, da sie mit einem Bein zwischen den Schränken eingeklemmt war. Während an Fräulein Schneider gearbeitet wurde, mußte von R.1 des Hauses Adelheidstraße 25 ein Graben von 70–80 cm Tiefe in den Raum 4 getrieben werden, um an das Kind zu kommen, denn das Kind hörte man seit 17.00 nicht mehr weinen. Bei dem Durchtreiben wurden rechts die Leichen eines Mannes und einer Frau sichtbar. Um 21.30 während eines Fliegeralarms wurde Fräulein Schneider lebend geborgen und nach dem Krankenhaus transportiert. Um nun die anderen Vermissten zu bergen, mußte noch viel Schutt beseitigt werden. Am 25. Oktober 22.30 Uhr wurde die Leiche von Frau Schneider und am 26. Oktober die Leiche von Frau Poppe um 5.00 Uhr geborgen. Am 27. Oktober um 1 Uhr wurde das Kind Poppe [Irene Poppe, 7 Jahre alt] geborgen, aber leider tot. Daraufhin wurde von Major Fischer die Nachtarbeit eingestellt.

Am 28. Oktober um 17.00 Uhr wurde die Leiche des Vaters von Frau Poppe geborgen. Die Bergungsarbeiten in der Adolfstraße 16 waren in sofern schwierig, da alle Kellerräume verschüttet und durch Holz versperrt waren.

Die Angriffe im Herbst 1944

In den frühen Morgenstunden des 12. Oktober wurde auch der Bereich Karlstraße, Jahnstraße und die Adelheidstraße auf Höhe der Karlstraße schwer getroffen. Die Häuser Jahnstraße 2–6, hier die Reste im Bild, wurden nicht wieder aufgebaut. Heute steht in dem damals zerstörten Bereich die Friedrich-Ludwig-Jahn-Schule.

Die Hinterhöfe im Bereich Blücherstraße 1–9 waren nach dem Angriff am 22. Oktober 1944 mit Trümmern gefüllt.

Die Trümmer der Häuser Adelheidstraße 62–68 im Oktober 1944.

Amerikanischer Angriff auf den Flughafen Wiesbaden-Erbenheim am 10. November 1944. Rechts oben ist Nordenstadt, rechts unten Massenheim zu sehen. Das bei dem Angriff schwer getroffene Dorfgebiet von Erbenheim liegt über dem oberen Rand des Bildes.

Die Bombennacht vom 2. auf den 3. Februar 1945

In der Nacht zum 3. Februar 1945 veränderte ein Großangriff das Antlitz von Wiesbaden. Das Rathaus wurde teilweise zerstört und wesentlich schlichter wieder aufgebaut. Im Vordergrund ein Löschteich.

Das Rathaus im Originalzustand, das 1881–1887 nach den Plänen von Georg von Hauberrisser errichtet wurde.

Die letzten Kriegsmonate und die Nacht vom 2. auf den 3. Februar 1945

Nach einem Angriff am 13. Januar, bei dem vor allem die östlichen Villengebiete und Biebrich getroffen worden waren, herrschte in der zweiten Januarhälfte 1945 relative Ruhe. Im Vergleich zu den Vormonaten wurde nur selten Alarm gegeben und größere Bombardements blieben aus. Aber es war eine trügerische Ruhe vor dem Sturm. In London zog man Bilanz der bisherigen Angriffe. Seit November 1944 war man dabei, eine Liste von Städten systematisch „abzuarbeiten". Hier wurde Wiesbaden zunächst nicht aufgeführt. In einer Zusatzaufstellung vom 23. Januar 1945 wurde Wiesbaden dann jedoch zusammen mit 18 weiteren Städten erstmals als Ziel eines Großangriffs genannt. Für einen Teil dieser Städte galt, so vermerkte man sogar ausdrücklich, dass sie als militärische und industrielle Ziele bedeutungslos waren. Sie stünden nur deshalb auf der Liste, weil sie noch über größere, unzerstörte Areale verfügten. Zu dieser Kategorie dürfte mit hoher Sicherheit auch Wiesbaden gehört haben. Dieser Aufstellung wurde zwar von der Leitung der Royal Air Force die Zustimmung verweigert, doch der Leiter des Bombercommand Arthur Harris war es gewohnt, weitgehend eigenmächtig zu handeln.

Kaum mehr als eine Woche später kamen die englischen Bomber über die Kurstadt. Es war eine dunkle Nacht mit einer geschlossenen Wolkendecke. Voraus flogen die „Pathfinder" der 8th Group: Zweimotorige „Mosquitos", die als Zielbeleuchter Markierungsbomben abwerfen sollten. Diese Maschinen waren mit dem so genannten Oboe-System ausgerüstet, das auch in Dunkelheit und Bewölkung eine Zielfindung über ein Funkortungssystem zuließ: Aber von den zwölf eingesetzten Maschinen hatten acht unterwegs den Anflug abgebrochen, nur vier Pathfinder mit 15 Zielmarkierungsbomben standen noch zur Verfügung. Und ihre Markierungen waren für die nachfolgenden Besatzungen durch die Wolkendecke kaum oder gar nicht zu erkennen. Insgesamt hatten 463 der 497 gestarteten Flugzeuge den Raum Wiesbaden erreicht. Außer den vier „Mosquitos" waren es noch 459 schwere, viermotorige Lancaster-Bomber. Was dann aus den Bombenschächten regnete, war der Albtraum

Die Bombennacht vom 2. auf den 3. Februar 1945

Die Mittlere und Untere Webergasse sowie ihre Umgebung wurden zu einem Trümmerfeld. Im Bild die Ecke Webergasse und Häffnergasse. Der Straßenverlauf wurde beim Wiederaufbau wesentlich verändert.

Die Mittlere Webergasse in Blickrichtung auf das Bergkirchenviertel um 1900. Links das Eckhaus zur Häffnergasse.

für jede Stadt: 1251 Tonnen Sprengbomben, darunter 345 Minenbomben von 4000 pounds – rund 1,8 Tonnen Gewicht – die gefürchteten Wohnblockknacker, die ganze Häuserzeilen umwerfen und vor allem die Dächer in weitem Umkreis abdecken konnten, so dass die nachfolgenden Brandbomben leichtes Spiel hatten. Drei Lancaster hatten die neuste Bombentechnik geladen: Zwei 8000-pound-Bomben und eine der größten von den Briten eingesetzten überhaupt, mit einem Gewicht von 12 000 pound, rund 5,5 Tonnen. Erst im Laufe des Krieges war die Tragkraft der Lancaster-Bomber soweit gesteigert worden, dass sie ein solches Gewicht tragen konnten. Dazu fielen noch fast 2000 Sprengbomben, die meisten davon mit einem Gewicht von 500 pound. Zu diesem Schreckensszenario gehörten auch 793,6 Tonnen Brandbomben – unfassbare 369 000 Einzelbomben, davon über 10 % mit einem zusätzlichen Sprengsatz versehen, um das Brandmaterial großflächig zu verteilen. Die Gesamtmasse der Spreng- und Brandmittel lag mit über 2000 Tonnen weit über dem, was auf Köln bei dem 1000-Bomber-Angriff 1942 abgeworfen worden war.

Die geschlossene Wolkendecke und die schlechte Zielmarkierungen waren für Wiesbaden Glück im Unglück. Beides führte zu einer hohen Streuung der Bomben über das ganze Stadtgebiet und die weitere Umgebung. Dieser wenig konzentrierte Abwurf verhinderte, dass die Wiesbadener Innenstadt einen Flächenbrand erlebte, wie dies zuvor und danach anderen Städten bei weit geringeren Bombenlasten widerfahren war. Nur im Bereich rund um die Webergasse wütete ein geschlossener Brand, der fast nichts von der historischen Bebauung übrig ließ. Getroffen wurden Einzelhäuser und Straßenzüge in der ganzen Stadt, der dichteste Bombenhagel ging über dem Kurgebiet und die angrenzenden Villengebiete nieder. Das Kurhaus, die Kolonnaden, das Hotel Vierjahreszeiten, der Nassauer Hof, das Theater, das Rathaus, das Lyzeum am Schlossplatz, das Viktoria-Hotel und viele weitere Gebäude wurden zerstört oder schwer beschädigt. Insgesamt jedoch waren die Zerstörungen für einen Angriff mit fast 500 schweren viermotorigen Flugzeugen relativ gering. Ein nicht geringer Teil der Bomben hatte unbewohntes Gebiet getroffen – dass das Jagdschloss Platte eben-

Die Bombennacht vom 2. auf den 3. Februar 1945

> **Aus dem Tagebuch von Else Moll**
> **Freitag, 2. Februar 1945**
> *Vormittag langer Hauptalarm. Nachmittag Hauptalarm. Abends wieder Alarm und als [ich] gerade im Bett [war] um 22¾ [Uhr] wieder Voralarm. Gleich beide aufgestanden (...) VA. Merkwürdigerweise gingen alle aus dem Haus schon bei VA in die Schule [Gutenbergschule] (...) Bald Hauptalarm. Erst einzelne Flieger, auch bei unserem Rübergehen. Dann fing es an, tolles Schießen, Flugzeuggebrumm, fallende Bomben. Da die Soldaten aus dem Krüppelheim dann erst hereinkamen, konnte ich den roten Schein der Bomben sehen. Natürlich kein Licht, sehr voll, furchtbare Todesangst! Schließlich die Einschläge immer näher und ein toller Schlag, Schwanken des Bodens, Klirren und Poltern nach der hinteren Ecke des Schulflügels an der Gutenbergstraße zu, dann folgten noch mehr Einschläge u. nach ziemlich langer Zeit wurde es endlich wieder still. Das Krüppelheim, z.Z. Lazarett, uns gegenüber brannte lichterloh, am Ring-Oranienstraße auch Brand. Die Schwestern u. Soldaten stürzten zum Bergen ihrer Habe fort. Die bettlägerigen Soldaten wurden herausgeschafft. Herr Lemp und Papa sahen gleich bei dem hellen Feuerschein, daß unser Haus schwer mitgenommen war, die hintere Ecke des Schulflügels von oben bis unten zwei Fensterbreiten ganz weggerissen, die hohen Bäume umgeknickt. Die Beiden konnten erst nicht in das Haus, die Haustür lag auf der Treppe. Schließlich konnten sie über Trümmer eindringen und sahen bei Kerzenschein ein Chaos von Türen, Fensterrahmen, Rolläden, umgestürzten Möbeln, zerschmetterten Spiegeln usw. (...). Allmählich bereitete mich Papa vor, wie es drüben aussah. Da brachte Frau Krieg die Nachricht: „Mehls Haus brennt!" Papa ging gleich hin und half noch, Möbel raus in den Schnee zu stellen. (...)*
> *Die vielen, vielen Brände in der Stadt sahen wir nicht, weil wir nur die umliegenden Brände sahen. Schließlich gegen 5 Uhr morgens (herrlicher Sternenhimmel) in die zerstörte Wohnung gegangen. Flüchtiges Umhertappen, nichts Genaues festzustellen, außer unbeschreiblichem Durcheinander. Aufs Bett gesunken. Eberhard bis 8 geschlafen, ich nicht.*

falls in dieser Nacht zerstört wurde, demonstriert die Streuung der abgeworfenen Sprengkörper.

Oben in der Luft waren die Besatzungen denn auch wenig zufrieden mit dem Ergebnis. Der Bericht der 576. Squadron, die mit 13 Lancasterbombern bei dem Angriff dabei war, zitiert den Staffelführer mit den Worten: „The raid was a waste of time." Zudem verlor die 576. Squadron zwei Maschinen auf dem Rückflug. Ähnlich erging es der 300. Squadron. Auch diese Staffel kam mit zwei Maschinen weniger zurück. Diese Lancaster wurden übrigens von polnischen Freiwilligen geflogen, die so einen Beitrag zur Befreiung ihrer Heimat leisten wollten.

Obwohl die deutsche Abwehr weitgehend am Boden lag, verloren die Engländer, die in dieser Nacht nicht nur Wiesbaden, sondern auch Wanne-Eickel und Karlsruhe angriffen, insgesamt 20 Maschinen. Sieben Lancaster der Wiesbadener Angriffsgruppe kehrten nicht zurück, davon waren nachweislich zwei durch Jäger und eine von der Flak abgeschossen worden. Von allen in dieser Nacht eingesetzten Maschinen waren weitere 13 soweit beschädigt, dass sie nicht repariert werden konnten („wrecked beyond repair"). Insgesamt war es eine wenig erfolgreiche Nacht für die englischen Bomber: Karlsruhe wurde großräumig verfehlt – die Bomben schlugen in Wald und Feld ein und die Zerstörungen in Wanne-Eickel waren ebenfalls vergleichsweise gering.

Mit der Nacht vom 2. auf den 3. Februar 1945 war der Krieg für Wiesbaden nicht zu Ende, noch knapp zwei Monate vergingen bis zur Besetzung der Stadt. Die genaue Zahl der Opfer dieses einen Angriffs wird sich wohl nie genau feststellen lassen. Nach den Eintragungen des Standesamtes lassen sich etwa 570 Todesfälle dem Angriff zuordnen. Über Monate wurden immer wieder bei Aufräumungsarbeiten Leichen oder Leichenteile aus den Trümmern der Häuser geborgen. In vielen Fällen war keine Identifikation mehr möglich und etliche Opfer mögen nie gefunden worden sein. Die Gesamtzahl der Opfer dürfte über 600 gelegen haben.

Die Stadt versank nach dem Angriff in eine Art Agonie. Zwar fanden Rettungsmaßnahmen und eine Notversorgung der Opfer statt, doch ein wirkliches Aufräumen gab es nicht mehr. Teil-

Die Bombennacht vom 2. auf den 3. Februar 1945

Das Haus an der Ecke Webergasse und Spiegelgasse nach dem Flächenbrand.

Von der unteren Webergasse blieb noch nicht einmal der Name. Links ist das Eckhaus zur Spiegelgasse zu erkennen.

weise wurden die Männer des Instandsetzungsdienstes sogar zur militärischen Ausbildung herangezogen, denn auch sie sollten im so genannten Volkssturm das letzte Aufgebot eines untergehenden Regimes bilden. Alte Männer, Kriegsversehrte und Schulkinder wurden dazu ausersehen, Panzer aufzuhalten und Jagdbomber abzuwehren. Während die Alliierten nach der Zerschlagung der letzten Offensive der Deutschen in den Ardennen im Winter nun im Frühjahr die deutschen Truppen links des Rheins zerschlugen, gingen in Wiesbaden die Tieffliegerangriffe weiter. Das letzte größere Bombardement fand am 9. März statt. Es waren nun keine hochfliegenden Viermotorigen mehr, sondern zweimotorige amerikanische „Maurauder", wie die B-26 genannt wurden. Sie trafen die städtischen Versorgungsbetriebe an der Mainzer Straße, das Reichsarbeitsdienstlager im Gebiet der heutigen Siedlung Kohlheck, aber auch Biebrich. Hier starben allein im zerstörten Altersheim über 40 Menschen.
Während des gesamten Krieges kamen durch Luftangriffe auf Wiesbaden und seine Vororte rund 1600 Menschen ums Leben. Die letzten Tage im März waren in Wiesbaden auch geprägt von dem fortschreitenden Machtzerfall der Nationalsozialisten. Am 20. März verschwanden die Aushängekästen der Partei, die Mitarbeiter der NSDAP-Dienststellen verbrannten ihre Akten. Zu dieser Zeit standen die Amerikaner schon bei Ober-Olm und bei Oppenheim. Bereits am 18. März hatten Wehrmachtspioniere die Kaiserbrücke bei Amöneburg gesprengt. Wiesbaden sollte gehalten werden – doch ohne nennenswerte Zahl von Soldaten. Die letzten Truppen in der Stadt zogen sich zurück, als nach dem Rheinübergang der Alliierten bei Oppenheim, Boppard und St. Goar die Einkesselung Wiesbadens drohte. Nun sollte der kaum bewaffnete Volkssturm die Kurstadt verteidigen – während Parteileitung und Bürgermeister Piékarski sich längst abgesetzt hatten, um in Schlüchtern eine „Ersatz-Stadtverwaltung" aufzubauen. Es ist wohl die Einsicht der verbliebenen Kommandeure zuzurechnen, dass sich der Volkssturm mehr oder minder selbst auflöste und seine Waffen – alte Gewehre und einige Panzerfäuste – in die Teiche in Biebrich und Wiesbaden warf. Am Morgen des 28. März besetzten die Amerikaner Biebrich und am frühen Nachmittag drangen sie von allen Seiten in Wiesba-

Die Bombennacht vom 2. auf den 3. Februar 1945

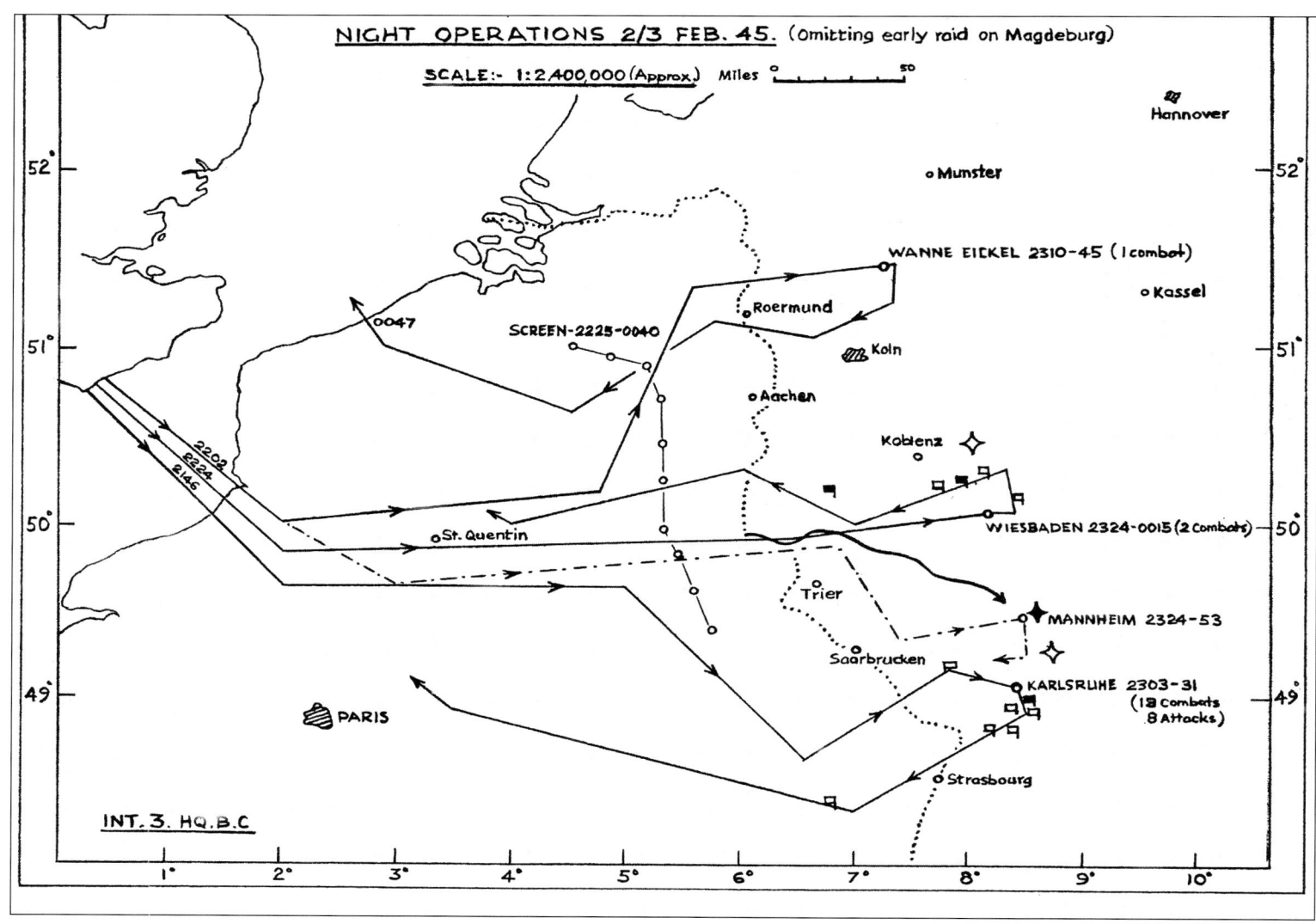

Angriffsrouten der britischen Bomber in der Nacht zum 3. Februar.

den ein, ohne auf Gegenwehr zu stoßen: Am Hochbunker neben dem Museum wehte bereits die weiße Fahne.

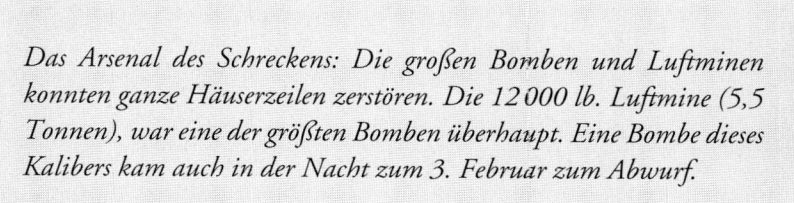

Das Arsenal des Schreckens: Die großen Bomben und Luftminen konnten ganze Häuserzeilen zerstören. Die 12 000 lb. Luftmine (5,5 Tonnen), war eine der größten Bomben überhaupt. Eine Bombe dieses Kalibers kam auch in der Nacht zum 3. Februar zum Abwurf.

Die Bombennacht vom 2. auf den 3. Februar 1945

Aus den Aufzeichnungen eines Mitglieds des Instandssetzungszuges IV – 3. Februar 19145

I[nstandsetzungszug] IV im Quartier Pol. Kaserne in Biebrich. Ich beobachtete den Angriff von Biebrich aus und wußte gleich, was geschehen war. (…) Wiesbaden war ein Feuermeer. (…). Ich entschloß [mich], alles fertig machen und fuhr dann mit einer Einsatzgruppe sofort ab über die Mainzer Straße, wo wir erst Oberleitungen und Steine wegräumen mußten nach dem Neuen Museum zum I[nstandsetzungs]-Zug III. Dort war alles aufgeregt. Da kam eine Frau aus der Kleinen Frankfurter Str. 4 und meldete, bei ihr sei das Gartenhaus von einer Bombe getroffen und vier Personen seien im Keller. Meldung ging zum Pol.Präsidium, Befehl kam zurück I[nstandsetzungs]-Zug soll dort hinfahren. Die Hinfahrt war sehr gefährlich, denn das Kaiser-Hotel brannte lichterloh sowie fast alle in der Viktoriastraße und Frankfurter Straße stehenden Häuser. Funken und brennendes Material flog so stark durch die Luft, daß man zu jede Zeit damit rechnen mußte, Kleider und LKW gingen in Flammen auf. Das Haus [Kleine] Frankfurter Straße 4 lag vollständig zusammen. Wir schafften uns zum Keller mühevoll durch, aber kein Mensch mehr lebend.

Nun gings zurück zum I[nstandsetzungs]-Zug 4 und [ich] erhielt Befehl, nach dem Lyzeum Schloßplatz zu fahren. Das Gebäude lag bis auf einen Teil in der Mühlgasse wo die Hausmeisterwohnung im Kellergeschoß war, vollständig zusammen. An der Hausmeisterwohnung waren Türen und Fenster eingedrückt. Ich suchte durch ein Fenster mit der Taschenlampe in der Hand durchzukommen und gelangte dann in einen Keller voller Trümmer und Leichen. Da hörte ich jemanden stöhnen, ging sofort zurück und ließ die Scheinwerfer fertig machen und zu den Kellerräumen vorbringen. Wir befanden uns nun im Kellervorraum zum Luftschutzkeller, alle weiteren Türen waren zerstört und mit Bauschutt verkeilt. Leichen lagen herum und auf einer Bahre lag eine Frau und röchelte und zog das eine Bein hin und her. Ich sagte zu zwei Mann, nehmt sofort die Bahre mit der Frau und tragt sie zu dem Arzt auf die Rettungsstelle. Dann legten wir einen Oberfeldwebel der Luftwaffe, welcher tot war, auf eine Bank und mußten feststellen, keine Wertgegenstände noch Papiere; da erfolgte wieder Alarm 4 Uhr.

Scheinwerfer schnell zusammen und aufladen. Da kamen die zwei Mann, welche die Frau fortgetragen hatte, ich fragte, wo habt ihr die Frau hingetragen? Sie sagten, da ins Kino. Wir gingen nun auch, um Schutz vor den Flaksplittern zu haben, ins Kino. Was sah ich da, die Frau auf der Bahre röcheln, und sonst niemand da. Ich sagte über die zwei Mann, hier ist doch kein Arzt, sie sagten, doch hier war einer! Also war der Arzt flüchtig gegangen wie der Alarm kam. Sofort schickte ich zwei Mann mit der Frau zur Rettungsstelle im Schloß zum Arzt Dr. Schmitt. Wir gingen nun in den Ackermann'schen Weinkeller nebenan, wo auch ein Luftschutzraum ist. 5.00 Uhr Ende des Alarms. Wir gingen wieder zurück zum Lyzeum, holten die anderen Leichen heraus und hingen ihnen Totenzettel an, alle ohne Namen. Da keine Papiere von den Leichen da waren, und die Frau auf der Bahre lag, müßte hier jemand am Werke gewesen sein, was nicht ganz in Ordnung war. Um 9 Uhr kam Befehl: Nach der Unterkunft zurückfahren. Jetzt erst konnten die Wiesbadener Leute und ich selbst nach den eigenen Angehörigen sehen.

Der Große Saal des Kurhauses wurde weitgehend zerstört.

Die Bombennacht vom 2. auf den 3. Februar 1945

Aus einem Aufsatz von Rolf Thyri, damals 7 Jahre alt, den er einige Jahre später als Schüler verfasste. Er erlebte den Angriff vom Februar 1945 im Keller des Hauses Bismarckring 42:

Heulend zerrissen die Sirenen die Stille der Nacht, Fliegeralarm hieß das. Die Menschen erwachten, kleideten sich an und wankten schlaftrunken in die Luftschutzkeller. Es behagte mir nicht, das warme Bett zu verlassen, aber bald darauf ging ich mit meiner Mutter, noch die Augen voller Schlaf, in den Luftschutzkeller. Wir waren noch nicht im Keller, als die Sirenen wieder ertönten und Hauptalarm verkündeten. Vom Himmel war das Brummen von Flugzeugmotoren zu vernehmen. Eine dicke Stahltür schloß den Luftschutzkeller von der Außenwelt ab. Dicke Balken stützten die Decke. Zur Straßenseite hin war ein Notausgang, der auch von einem Stahltürchen abgeschlossen war. So ähnlich sah es in jedem Luftschutzkeller der Stadt aus. An den Wänden standen Stühle, und in der Ecke stand ein Feldbett. Auf den Stühlen hatten die Hausbewohner Platz genommen. Dies war die Umgebung, in der ich jeden Fliegeralarm verbrachte. Der Luftschutzwart war hereingekommen und hatte, als er sah, daß alle Hausbewohner beisammen waren, die Tür verriegelt. In der Ferne war ein dumpfes Getöse zu vernehmen. Plötzlich wurde es lauter. Wir kauerten uns auf den Boden nieder. „Se werfe schon" hörte ich jemanden sagen. Aber niemand hörte darauf, jeder war mit seinen Gedanken beschäftigt. Wir hatten die Schutzbrillen vor die Augen gezogen und harrten ängstlich der Dinge. Das Getöse wurde stärker, und jeder Schlag ließ uns unwillkürlich zusammenzucken. Es hörte sich an, als würden die Bomben nicht nur von oben herunter kommen, sondern auch von unten herauf. Plötzlich ging das Licht aus, und es wurde stockdunkel.

Meine Mutter sagte immer zu mir, wenn man Angst bekäme, würde die Sache noch schlimmer, und ich bemühte mich, die Angst zu verscheuchen. Dies wollte mir aber nicht recht gelingen. Das Getöse wurde mit jedem Augenblick lauter, und es krachte, als sei die Hölle losgelassen. Zwischen dem Krachen und Poltern ertönte ab und zu ein Zischen. „Das sind Brandbomben", sagte eine Frau. Ihre Worte gingen im lauten Krachen unter. Es wurde mal einen Augenblick leiser, um dann mit aller Gewalt wieder loszubrechen. Endlich wurde es danach leiser und schließlich ganz still. Die Beklemmung, die auf uns gelegen hatte, ließ sich nun langsam abschütteln.

Das war noch einmal gut gegangen, dachten bestimmt alle. Nach einiger Zeit gingen Einzelne auf die Straße. Sie kamen bald mit alarmierenden Nachrichten zurück. Die Post, Kaisers Kaffeegeschäft, der Bäckerladen und die Bismarckapotheke würden brennen. Jemand behauptete, die Blücherschule würde auch brennen, ein anderer sagte aber, das sei nicht wahr, und alle redeten sie durcheinander. Inzwischen war mit einem Akku wieder Licht hergestellt worden. Endlich durfte ich auch hinauf und mir den Brand angesehen. Der Himmel spiegelte sich im Feuerschein und war in ein gleißendes Rot getaucht. Ich machte mir Gedanken um meinen Vater, der heute Nacht arbeitete, da eine Gedenkschrift für irgendeinen Hitlerjungenführer fertig gestellt werden mußte [der Vater war Schriftsetzer]. Als er aber bald darauf eintraf, war alles gut. Er erzählte mir, daß in der Wellritzstraße Bombentrichter seien und in der vorderen Wellritzstraße Sprengbomben gefallen seien. Ich muß ein wenig geschlafen haben, als ich eine Stimme hörte, die sagte: „Hier sind Ausgebombte." Es war die Stimme des Luftschutzwarts. Ausgebombte, die sehen ja aus wie meine beiden Cousinen, und dieselben Stimmen, das konnten sie doch nicht wirklich sein. Dieser Vorgang vollzog sich blitzschnell in meinem Gehirn, aber mir kommt er heute wie damals als eine Ewigkeit vor.

Nur die Säulen der Theaterkolonnade lassen noch den Eingangsbereich des Theaters erahnen.

Die Bombennacht vom 2. auf den 3. Februar 1945

Kaiser Friedrich III. vor dem zerstörten Hotel Vierjahreszeiten. Das 1822 fertig gestellte Hotel war einst eines der führenden in Europa.

In die Wellritzstraße gelangte man in den Februartagen nur durch eine Trümmerwüste.

Die Bonifatiuskirche in der Trümmerlandschaft der Luisenstraße.

Die Bombennacht vom 2. auf den 3. Februar 1945

Das Lyzeum am Schlossplatz war einst der Abschluss des Platzes Richtung Kurviertel.

Im Luftschutzkeller des Lyzeums starben viele Menschen. Die Frauen bei den Aufräumarbeiten im Vordergrund waren vermutlich Zwangsarbeiterinnen.

Kriegsgefangene unter Bewachung bei Räumarbeiten im teilweise zerstörten Polizeipräsidium im Februar 1945.

Die Bombennacht vom 2. auf den 3. Februar 1945

Das Hotel Kaiserhof an der Frankfurter Straße bildete zusammen mit dem Augusta-Viktoria-Bad eine bauliche Einheit und gehörte zu den eindrucksvollsten Anlagen Wiesbadens.

Die Brand- und Sprengbomben verwandelten den Komplex in eine Trümmerwüste, auf der dann rasch nach dem Krieg das sternförmige American Arms Hotel entstand.

Die Bombennacht vom 2. auf den 3. Februar 1945

Auch das innere Westend wurde in dieser Nacht schwer gezeichnet, von den Häusern in der Walramstraße (Ecke Emser Straße) blieb nur wenig.

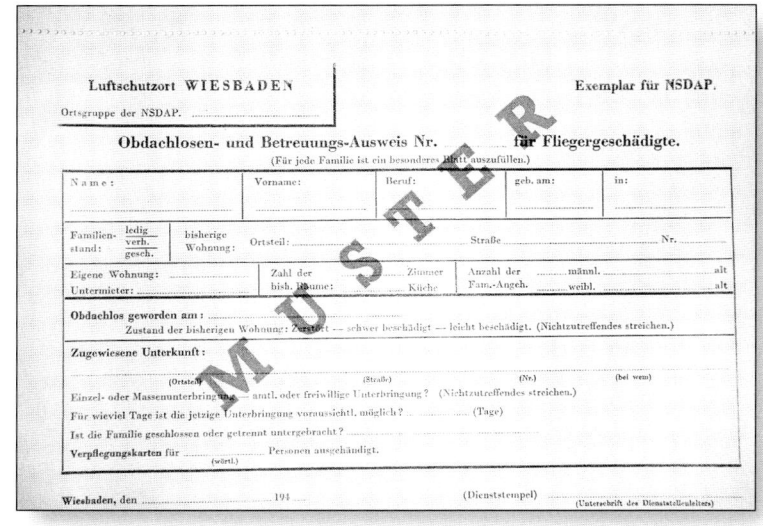

Vorbereitet auf den Schrecken: In den Schubladen der Partei lagen bereits die Ausweise für die Obdachlosen bereit. Die Hilfen für die Betroffenen wurden aber immer dürftiger.

Nur noch Reste der Fassade standen von dem Geschäftshaus Ecke Friedrichstraße und Kirchgasse.

Die Bombennacht vom 2. auf den 3. Februar 1945

An der Stelle des früheren Berliner Hofes am Kureck erhebt sich heute das R+V-Hochhaus.

Wenn sich die Bombardierung einer Stadt herumsprach, dann hofften die Angehörigen und insbesondere die Männer an der Front auf ein „Lebenszeichen" von zu Hause. Wilma Schott konnte immerhin ihr Leben retten.

Ein Bild aus besseren Zeiten: Wilma Schott in der neuen Wohnung in der Bülowstraße, etwa 1941.

Die Bombennacht vom 2. auf den 3. Februar 1945

Die Streuung der Bomben sorgte für Zerstörungen in fast jedem Stadtgebiet, auch am Bismarckring. Blick auf die Filiale der Nassauischen Landesbank im Bismarckring 19.

Zahlreiche Villen in der Parkstraße, Steubenstraße und seitlich der Frankfurter Straße wurden ebenfalls ein Raub der Flammen. Hier eine Ruine in der Humboldtstraße.

Luftaufnahme aus dem März 1945. Am linken Bildrand ist der Hauptbahnhof zu sehen, oben in der Mitte das Kasernengelände an der Schiersteiner Straße, das vom Luftkrieg weitestgehend verschont blieb. Die Trümmerflächen in der Oranienstraße und in der Adelheidstraße sind auch aus großer Höhe gut zu erkennen, ebenso die Brandruinen ohne Dächer z. B. in der Adolfsallee.

Der Wiederaufbau

Trümmerwüsten, wie hier das zerstörte Lyzeum am Schlossplatz, fanden sich an vielen Stellen der Stadt und waren ein selbstverständlicher Anblick im Nachkriegsdeutschland. (Aufnahme von 1946).

Der rechte Flügel des Rathauses wurde mit dem Sitzungssaal völlig neu aufgebaut. Amerikanische Jeeps und Autos bestimmten lange Zeit das Straßenbild in Wiesbaden.

Die „Trümmerbahn" prägte für mehrere Jahre das Stadtbild.

Trümmer und Wiederaufbau

Für die meisten Wiesbadener war die Besetzung durch die amerikanischen Truppen zunächst einmal eine Befreiung von der Angst, in einem erkennbar verlorenen Krieg „im letzten Moment" noch das Leben zu verlieren. Die Bombardements, der Artilleriebeschuss der letzten Tage waren vorbei.

Aber wie sah die Stadt aus: An vielen Stellen Trümmer und Brandruinen, zerstörte und notdürftig reparierte Fenster und beschädigte Dächer überall. Nur wenige Häuser waren ohne Spuren. Viele Menschen hatten ihr Hab und Gut, hatten ihre Liebsten verloren. Sie mussten bei Verwandten wohnen oder in Notquartieren. Trotzdem: Wiesbaden war noch einmal davongekommen. Die Bomber hatten ihr Ziel nur zum kleineren Teil getroffen, waren auch nicht ein zweites Mal wieder gekommen wie in Mainz. Dort folgte auf einen Fehlangriff am 1. Februar 1945 am 27. Februar die Vernichtung der Innenstadt. In vielen anderen deutschen Städten sah es ähnlich schlimm oder sogar schlimmer aus – so etwa in Kassel. Dagegen zerstörten die Bomber in Wiesbaden vergleichsweise wenig. 1550 Gebäude waren total vernichtet, 1041 schwer, 1572 mittelschwer und 8886 leicht beschädigt – bei einem Gesamtbestand von etwa 16000. Bei dieser Aufstellung wurden allerdings schon die früheren Mainzer Vororte Amöneburg, Kastel und Kostheim berücksichtigt, die direkt nach dem Krieg durch Verfügung der amerikanischen Besatzung nach Wiesbaden eingegliedert worden waren. Gerade Kastel stellte nur noch eine Trümmerlandschaft dar. In Wiesbaden selbst war etwa ein Siebtel des Wohnraumes zerstört oder unbenutzbar. Die Infrastruktur hatte schwer gelitten: Viele Wasserleitungen blieben zunächst trocken, die Gasversorgung war nach den Treffern in den Stadtwerken, aber auch auf die Versorgungsleitungen zum Erliegen gekommen und konnte erst Ende 1945 stundenweise wieder aufgenommen werden. Auch die Stromversorgung funktionierte, wenn überhaupt, nur zeitweise.

Es war das in Deutschland eingetreten, was Kritiker in England in den letzten Kriegsmonaten immer lauter vorgebracht hatten: Die Folgen der Bombardierung der deutschen Städte wurden

Der Wiederaufbau

Auf dem Luisenplatz wurde ein Verschiebebahnhof besonderer Art eingerichtet.

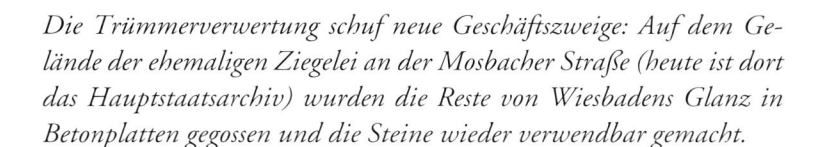

Die Trümmerverwertung schuf neue Geschäftszweige: Auf dem Gelände der ehemaligen Ziegelei an der Mosbacher Straße (heute ist dort das Hauptstaatsarchiv) wurden die Reste von Wiesbadens Glanz in Betonplatten gegossen und die Steine wieder verwendbar gemacht.

Die Trümmerwüste in der Webergasse – hier an der Kreuzung Langgasse – konnte nur mit schwerem Gerät beseitigt werden.

nach der Besetzung nun den Alliierten zur Last. Die Versorgungslage in Deutschland war nach Kriegsende schlechter als während des Krieges, insbesondere in den Städten. Dies hatte viele Gründe: Die Transportmittel waren vielfach zerstört und die Landbevölkerung war nur gegen Sachwerte – vom Ring bis zum Teppich – bereit, sich von den auch dort knappen Lebensmitteln zu trennen. Mindestens ebenso schlimm war der Zusammenbruch der Kohlenversorgung. Ein weiterer Aspekt ist, dass die Kriegswirtschaft Deutschlands sehr wesentlich auf der Ausbeutung von Millionen von Zwangsarbeitern beruht hatte, die nun nicht mehr zu Verfügung standen.

Die Alliierten waren sich untereinander in der Behandlung der besiegten Deutschen keineswegs einig. Während die Russen vor allem Reparationen – auch aus den Westgebieten – forderten und die Franzosen ebenfalls Härte zeigten, war das Vorgehen der Engländer in ihren Zonen vor allem pragmatisch. Die Amerikaner wiederum hatten mit dem berühmten „Morgenthau-Plan", der u. a. die Deindustrialisierung Deutschlands forderte, noch im Krieg Goebbels Material für die NS-Propaganda geliefert. Für die amerikanische Besatzungszone wurden zunächst harte Bestimmungen erlassen, die von den Kommandeuren vor Ort aber kaum angewandt wurden: Die aktuelle Not und der Zusammenbruch der Versorgungssysteme ließen nur beschränkten Spielraum für eine Strafpolitik. Allerdings entließ man die NSDAP-Mitglieder in der Stadtverwaltung und entmachtete sie bald – zumindest vorübergehend – auch in den Betrieben – 780 Beamte, Angestellte und Arbeiter der Stadtverwaltung wurden bis auf weiteres entlassen.

Im Rückgriff auf die alten bürgerlichen Eliten der Weimarer Zeit ernannten die Amerikaner eine neue Stadtführung: Am 21. April 1945 wurde Georg Krücke zum Oberbürgermeister berufen. Krücke war 1933 von den Nationalsozialisten aus diesem Amt entfernt worden. Er ernannte als ersten Mitarbeiter den früheren sozialdemokratischen Stadtrat Philipp Holl zum Dezernenten für Personal und Fürsorge. Ab Herbst 1945 genehmigten die Amerikaner die ersten politischen Parteien.

Der Wiederaufbau

Cafés an der Rue: Auf den Trümmergrundstücken in der Burgstraße und an der Wilhelmstraße wurden im Sommer 1949 die Schirme aufgespannt.

Der Wiederaufbau

Das Geschäftsleben rührte sich, vor allem nach der Währungsreform 1948. In dem notdürftig hergerichteten Haus Wellritzstraße Ecke Schwalbacher Straße wurde die Wellritzapotheke neu gegründet.

Wiedereröffnung der Webergasse 1954: Neuer und moderner sollte Wiesbaden werden.

Der Wiederaufbau

Blick vom „Haus der Moden" auf das Baugebiet „An den Quellen" und auf den neu entstehenden Dreililienplatz im Juli 1955.

Viele unter dem NS-Regime Verfolgte engagierten sich nun beim Wiederaufbau ihrer Heimatstadt. Die ersten Wahlen der Nachkriegszeit fanden im Mai 1946 statt und endeten mit einem knappen Sieg der neu gegründeten CDU (41,7 %) vor der SPD (38,2 %). Oberbürgermeister wurde daraufhin Hans Heinrich Redlhammer (CDU). Es blieb aber bei dem Allparteienmagistrat – die Not in der Stadt machte ein gemeinsames Handeln erforderlich. Die Erfolge der Nationaldemokratischen Partei (NDP) bei der Kommunalwahl 1948, die 24,4 % der Stimmen erhielt, zeigt aber, dass die Demokratie keinen leichten Neustart in Wiesbaden hatte. Die FDP, damals weit nationaler eingestellt als heute und auf Landesebene im Bündnis mit der NDP, beerbte diese auf Stadtebene und wurde 1953 sogar zur stärksten Fraktion im Stadtparlament. Dies hatte die bemerkenswerte Konsequenz, dass ihr Mitglied Erich Mix zum Oberbürgermeister gewählt wurde. Mix war bereits von 1937 bis 1945 als NSDAP-Mitglied Oberbürgermeister gewesen, hatte allerdings die Kriegsjahre bei der Luftwaffe verbracht und galt so als weniger belastet.

Eine der entscheidenden Maßnahmen für das Nachkriegs-Wiesbaden war schon am 8. Oktober 1945 erfolgt: Die amerikanische Militärregierung verfügte die Schaffung eines Landes „Groß-Hessen" aus Teilen der preußischen Provinz Hessen-Nassau und des ehemaligen „Volksstaats Hessen". Zur Hauptstadt und zum Sitz von Regierung und Parlament wurde Wiesbaden bestimmt. So wichtig dies für die zukünftige Entwicklung der Stadt war, zunächst verschärfte der Raumbedarf der Landeseinrichtungen die durch Kriegszerstörung, Beschlagnahmen und Flüchtlingsströme bereits bestehende Wohnungsnot. Zu deren Behebung wurde schon im Juli 1945 das städtische Wiederaufbauamt gegründet. Neben der Wiederherstellung beschädigter Wohnungen setzte man ab 1946 auf ein „Schnellbauprogramm", das mit möglichst geringem Aufwand ein Maximum an Wohnraum sicherstellen sollte. Gemeinnützige Siedlungsgesellschaften wie etwa auf dem Kohlheck und die Siedlung „Märchenland" nahmen 1946/1947 ebenfalls ihren Anfang. Dagegen blieben die stark zerstörten Innenstadtteile zunächst für die Bebauung gesperrt. Stattdessen sorgte man mit einer 12 Kilometer langen

Der Wiederaufbau

Das Spielen in Trümmern und das Leben in Behelfsbauten gehören zu den Biographien vieler Wiesbadener. Kinder in den Resten des zerstörten Hinterhauses Rheinstraße 107 im Sommer 1954.

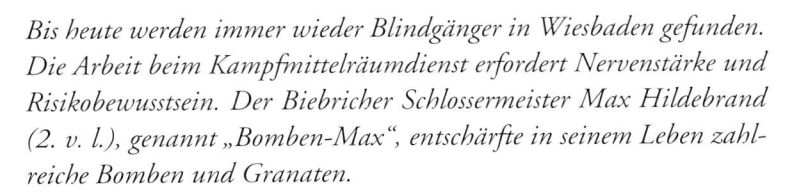

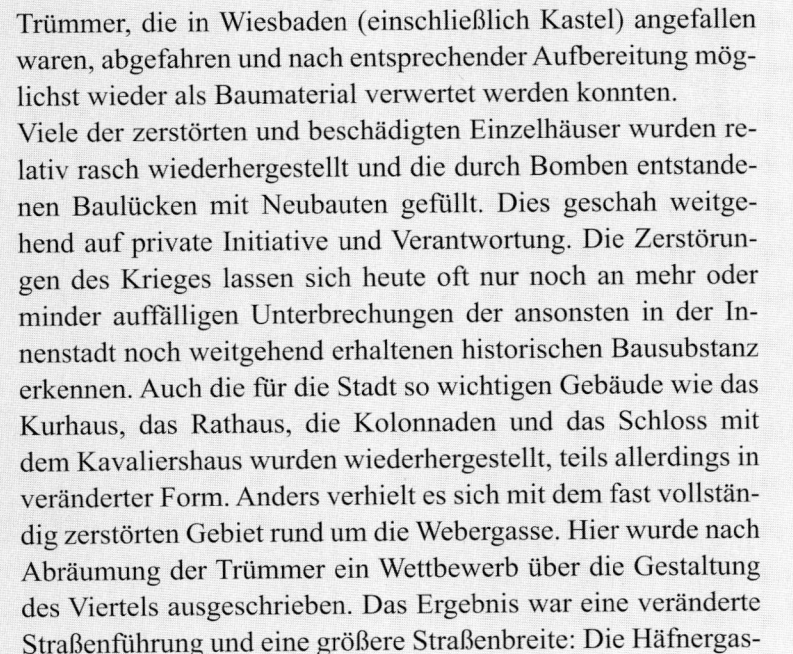

Bis weit in die 1950er Jahre blieben an vielen Stellen die Ruinen stehen – wie hier im Bereich Paulinen- und Steubenstraße.

Bis heute werden immer wieder Blindgänger in Wiesbaden gefunden. Die Arbeit beim Kampfmittelräumdienst erfordert Nervenstärke und Risikobewusstsein. Der Biebricher Schlossermeister Max Hildebrand (2. v. l.), genannt „Bomben-Max", entschärfte in seinem Leben zahlreiche Bomben und Granaten.

Feldbahn dafür, dass ein großer Teil der 600 000 Kubikmeter Trümmer, die in Wiesbaden (einschließlich Kastel) angefallen waren, abgefahren und nach entsprechender Aufbereitung möglichst wieder als Baumaterial verwertet werden konnten.

Viele der zerstörten und beschädigten Einzelhäuser wurden relativ rasch wiederhergestellt und die durch Bomben entstandenen Baulücken mit Neubauten gefüllt. Dies geschah weitgehend auf private Initiative und Verantwortung. Die Zerstörungen des Krieges lassen sich heute oft nur noch an mehr oder minder auffälligen Unterbrechungen der ansonsten in der Innenstadt noch weitgehend erhaltenen historischen Bausubstanz erkennen. Auch die für die Stadt so wichtigen Gebäude wie das Kurhaus, das Rathaus, die Kolonnaden und das Schloss mit dem Kavaliershaus wurden wiederhergestellt, teils allerdings in veränderter Form. Anders verhielt es sich mit dem fast vollständig zerstörten Gebiet rund um die Webergasse. Hier wurde nach Abräumung der Trümmer ein Wettbewerb über die Gestaltung des Viertels ausgeschrieben. Das Ergebnis war eine veränderte Straßenführung und eine größere Straßenbreite: Die Häfnergasse wurde verkürzt und der Dreililienplatz entstand. Die untere Webergasse, die auf den Kaiser-Friedrich-Platz mündete und zur Verkehrsachse gehörte, wurde als Straße aufgehoben. Der Verkehr wurde stattdessen durch die Straße „An den Quellen" geführt, die in etwa da entstand, wo sich zuvor die Kleine Burgstraße befunden hatte. Über die ebenfalls erweiterte „Burgstraße" – vorher Große Burgstrasse – mündete der Verkehr auf der Wilhelmstraße. Das Viertel wurde im Stil der 50er Jahre „luftig" und „modern" neu gebaut. Zwischen 1954 und 1956 wurden die verschiedenen Bauabschnitte eingeweiht. 1959 war das neue Apartmenthaus „Vier Jahreszeiten" fertig und damit die letzte große Baulücke in diesem Bereich geschlossen.

Die sichtbaren Spuren des Krieges in Wiesbaden waren weitgehend beseitigt. Aber in den Köpfen der Menschen blieben die Bombentage und -nächte unvergessen.

Der Wiederaufbau

Oft erfolgte der Wiederaufbau erst spät und mit viel Eigenhilfe: das teilzerstörte Haus Dotzheimer Straße 101 wird 1956 wieder vervollständigt.

Der Wiederaufbau

Das Reisebüro in den Trümmern des Hotels Vierjahreszeiten 1954 symbolisiert den Aufschwung Deutschlands. Das Wirtschaftswunder hatte begonnen.

Die Versprechen Hitlers bezüglich des Autos für das Volk machte die Soziale Marktwirtschaft in den 1950er Jahren wahr: Das eigene Auto rückte langsam für breite Bevölkerungsschichten in den Bereich des Möglichen. 1951 – als diese Aufnahme entstand – hofften die meisten aber wohl noch auf dieses Exemplar, das bei der Kurhaus-Tombola zu gewinnen war.

Weitere Bücher aus dem Wartberg Verlag für Ihre Region

Wiesbaden - wie es früher war
von Monika Reichartz
72 S., geb., zahlr.
(ISBN 3-86134-138-7)

Wiesbaden - Bewegte Zeiten - Die 50er Jahre
von Anja Geist
72 Seiten, gebunden, zahlr. S/w-Fotos
(ISBN 3-86134-941-8)

Wiesbaden - Ereignisreiche Zeiten. Die 60er Jahre
von Thomas Weichel
72 S., geb., zahlr. S/w- Fotos
(ISBN 3-8313-1287-7)

Wiesbaden - Hinterhof und Kurkonzert
Ein Bilder- und Lesebuch zur Stadtgeschichte
v. Gerhard Hohnekamp (Hg.)
120 S., geb., zahlr. Abb.
(ISBN 3-86134-350-9)

Wiesbaden - Farbbildband
dtsch./engl./franz.
von Johannes Hahn und Margrit Spiegel
72 S., geb., zahlr. Farbfotos
(ISBN 3-86134-595-1)

Wiesbaden - Auf den ersten Blick
dtsch./engl./franz.
von Johannes Hahn und Margrit Spiegel
32 S., geb., zahlr. Farbfotos
(ISBN 3-86134-610-9)

Rundflug über das alte Wiesbaden
von Monika Freiling
64 S., geb., zahlr. S/w-Fotos,
Großformat
(ISBN 3-86134-942-6)

Wiesbadener Sportgeschichte(n)
von Achim Dreis (Hg.)
Anfänge, Wettkämpfe, Höhepunkte
64 S., geb., zahlr. s/w Fotos
(ISBN 3-8313-1062-9)

Untergegangenes Hessen - Wiesbaden
von Jörg Adrian Huber
64 S., geb., zahlr. S/w-Fotos
(ISBN 3-8313-1319-9)

Wartberg Verlag GmbH & Co. KG
Bücher für Deutschlands Städte und Regionen

Im Wiesental 1 · 34281 Gudensberg-Gleichen · Telefon (0 56 03) 9 30 50 · Fax (0 56 03) 30 83
www.wartberg-verlag.de